Couvertures supérieure et inférieure
en couleur

BIBLIOTHÈQUE NATIONALE

VOLTAIRE

CORRESPONDANCE

AVEC

LE ROI DE PRUSSE

Précédée d'une Notice de E. de Pompery

PARIS

Librairie de la **BIBLIOTHÈQUE NATIONALE**

L. BERTHIER, Éditeur

Rue Richelieu, 8, près le Théâtre-Français

25 Centimes

RENDU FRANCO DANS TOUTE LA FRANCE : 35 CENT.

La **BIBLIOTHÈQUE NATIONALE**, fondée en 1863, dans le but de faire pénétrer, au sein des plus modestes foyers, les œuvres les plus remarquables de toutes les littératures, a publié, jusqu'à ce jour, les principales œuvres de :

ALFIERI, ARIOSTE, BACHAUMONT, BEAUMARCHAIS, BECCARIA, BERNARDIN DE SAINT-PIERRE, BOILEAU, BOSSUET, BOUFFLERS, BRILLAT-SAVARIN, BYRON, CAZOTTE, CERVANTÈS, CÉSAR, CHAMFORT, CHAPELLE, CICÉRON, COLLIN D'HARLEVILLE, CONDORCET, CORNEILLE, CORNÉLIUS NÉPOS, COURIER (Paul-Louis), CYRANO DE BERGERAC, D'ALEMBERT, DANTE, DÉMOSTHÈNE, DESCARTES, DESMOULINS (Camille), DESTOUCHES, DIDEROT, DUCLOS, DUMARSAIS, DUPUIS, ÉPICTÈTE, ÉRASME, FÉNELON, FLORIAN, FOE (de), FONTENELLE, GILBERT, GOETHE, GOLDSMITH, GRESSET, HAMILTON, HELVÉTIUS, HOMÈRE, HORACE, JEUDY-DUGOUR, JUVÉNAL, LA BOÉTIE, LA BRUYÈRE, LA FAYETTE (Mme DE), LA FONTAINE, LAMENNAIS, LA ROCHEFOUCAULD, LESAGE, LINGUET, LONGUS, LUCIEN, MABLY, MACHIAVEL, MAISTRE (de), MALHERBE, MARIVAUX, MARMONTEL, MASSILLON, MERCIER, MILTON, MIRABEAU, MOLIÈRE, MONTESQUIEU, OVIDE, PASCAL, PERRAULT, PIGAULT-LEBRUN, PIRON, PLUTARQUE, PRÉVOST, QUINTE-CURCE, RABELAIS, RACINE, REGNARD, ROLAND (Mme), ROUSSEAU (J.-J.), SAINT-RÉAL, SALLUSTE, SCARRON, SCHILLER, SEDAINE, SÉVIGNÉ (Mme de), SHAKESPEARE, STERNE, SUÉTONE, SWIFT, TACITE, TASSE, TASSONI, TITE-LIVE, VAUBAN, VAUVENARGUES, VIRGILE, VOLNEY, VOLTAIRE, XÉNOPHON.

Voir le Catalogue détaillé dans l'intérieur de la couverture.

Envoi franco du Catalogue

Le vol. broché, **25** c.; relié, **45** c. – Fco, **10** c. en sus par vol.

Adresser les demandes affranchies à **M. L. BERTHIER**, Éditeur
RUE DE RICHELIEU, 8, PRÈS LE THÉATRE-FRANÇAIS

ON TROUVE A LA MÊME LIBRAIRIE ET AUX MÊMES CONDITIONS
L'ÉCOLE MUTUELLE
COURS D'ÉDUCATION POPULAIRE EN 23 VOLUMES

Paris. — Imp. Dubuisson et Cie, rue Coq-Héron, 5. — PALLET gérant.

BIBLIOTHÈQUE NATIONALE

COLLECTION DES MEILLEURS AUTEURS ANCIENS ET MODERNES

CORRESPONDANCE

DE

VOLTAIRE

AVEC

LE ROI DE PRUSSE

NOTICE

PAR E. DE POMPERY

auteur du *Vrai Voltaire*

PARIS

LIBRAIRIE DE LA BIBLIOTHÈQUE NATIONALE

RUE DE RICHELIEU, 8, PRÈS LE THÉATRE-FRANÇAIS

1889

Tous droits réservés.

NOTICE

I

On ne l'a pas assez remarqué, parce que Voltaire a tant fait, tant écrit; son activité s'est déployée de tant de côtés qu'on ne saurait prendre garde à tout, et qu'il est difficile d'attacher à chacune de ses œuvres une importance suffisante.

Ainsi en est-il de la correspondance de Voltaire avec le grand Frédéric et encore avec Catherine II.

Il me semble qu'on ne connaît pas une correspondance d'autant de valeur entre un roi et un philosophe que celle dont nous allons nous occuper.

Nous possédons les billets du jeune Marc Aurèle à son précepteur Fronton, ce sont d'aimables et tendres témoignages de respect, d'affection et de reconnaissance. Ces billets montrent combien était sensible et bonne l'âme du futur empereur. Mais ces relations ne pouvaient avoir l'importance de celles du prince royal de Prusse, âgé de vingt-quatre ans, et plus tard du roi avec Voltaire, ayant dix-huit ans de plus que son correspondant et déjà en possession d'une notoriété considérable par ses travaux littéraires et philosophiques.

Cette correspondance, commencée en 1736, a duré jusqu'à la mort de Voltaire, c'est-à-dire pendant quarante-deux ans. Elle comprend plus de cinq cents lettres, dont quelques-unes sont fort étendues.

On y traite tous les sujets avec une entière

liberté d'esprit : métaphysique, philosophie, littérature, sciences, poésie, histoire, politique, etc.

Assurément, cette correspondance permet d'apprécier plus justement Frédéric que l'histoire de ses faits et gestes, car elle nous fait connaître l'homme dans sa spontanéité, avec ses intentions, avec sa volonté toute nue et non modifiée par les circonstances. Pour pénétrer à fond l'âme d'un homme, rien ne saurait suppléer au spectacle procuré par l'échange continu de lettres nombreuses et familières. On voit vivre les gens pour ainsi dire jour à jour, on les surprend en déshabillé et dans des situations très différentes.

Ce petit volume est loin de contenir toutes les lettres qui nous ont été conservées. Nous avons dû en écarter le plus grand nombre.

Nous nous sommes proposé, par un choix judicieux de ces lettres, de donner un ensemble qui en fasse ressortir exactement la physionomie. Nous aurons ainsi atteint notre but, qui est de satisfaire en peu de pages la curiosité du lecteur.

II

L'action de Voltaire s'étendit sur un certain nombre de têtes plus ou moins élevées. Quelques-unes portaient des couronnes, et le philosophe a pu écrire avec vérité : *j'ai brelan de rois quatrième;* d'autres furent placées à la direction de l'État dans diverses contrées de l'Europe, d'autres enfin furent célèbres dans les arts, les sciences ou l'industrie.

Voltaire dut cette influence générale et considérable à plusieurs causes. Les premières furent incontestablement son génie facile et brillant, son inconcevable activité et la radieuse expansion de son cœur. Mais il en est de secondaires dont on doit tenir compte. Voltaire a toujours vécu dans la haute société et, à la fin de sa carrière, sa vie ressembla par le dehors à l'existence d'un grand seigneur très répandu dans le monde. Il était d'une politesse exquise et entretenait soigneusement toutes ses relations. Ses succès au théâtre, ses publications incessantes, ses voyages en Angleterre, en Hollande et en Allemagne, sa renommée universelle, les poésies légères qui s'échappaient de sa main prodigue de louanges délicates, les persécutions et les attaques passionnées dont il fut l'objet, tout contribua à le rendre l'homme le plus vivant et le plus intéressant du XVIII° siècle. Il attira et força l'attention, si bien qu'il fut de bon ton de connaître Voltaire ou tout au moins de l'avoir lu. Quelqu'un qui n'aurait pu en parler, en bien ou en mal, eût passé pour un homme de mauvaise compagnie ou d'esprit inculte.

Tout le monde avait les yeux sur lui. Le savant, aussi bien que le lettré ou le philosophe, lui adressait son œuvre. Voltaire s'était fait centre, et comme il rayonnait pour tous, tous rayonnaient vers lui.

D'Alembert, Diderot, J.-B. et J.-J. Rousseau, Vauvenargues, Condillac, Condorcet, Franklin, Mairan, Clairault, la Condamine, Maupertuis, Lalande, Bailly, Réaumur, Spallanzani, Parmentier, Turgot, l'abbé d'Olivet, Duclos, Thomas, La Harpe, Marmontel, l'abbé Morellet, Saurin, Piron, la Motte, Rulhière, Suard, Dorat, Dubelloi, Cailhava, Champfort, Sedaine, Saint-Lambert, Goldoni, Algarotti, la Chalottais, Servan, Dupaty, Bourgelat, fondateur des écoles vétérinaires, tous allèrent à lui.

Le roi dont il s'occupa le plus et qui lui fit concevoir les plus hautes espérances, le grand Frédéric, est peut-être celui qui, par la nature de son caractère absolu et dur, fut le moins accessible à son influence. Voltaire sentait juste, lorsqu'il écrivait en 1759 à d'Argental : « Je ne puis en conscience aimer Luc (Fré- » déric), ce roi n'a pas une assez belle âme » pour moi. » Cependant, qui oserait dire que Voltaire ne parvint pas à humaniser l'âme de Frédéric et ne contribua pas à fortifier en lui le sentiment du juste et du vrai, que ce monarque posséda à un certain degré ? Ce qui est certain, c'est que le roi aima véritablement le philosophe autant que le permettait sa rude nature, qu'il lui rendit justice et fut rempli d'admiration pour son génie et même pour son grand cœur. Ceci devint particulièrement sensible à la fin de leur vie.

Voltaire s'acquit l'estime et l'affection des autres membres de la famille royale de Prusse, qui lui témoignèrent toujours un véritable attachement.

III

VOLTAIRE ET FRÉDÉRIC

Nous mettons le nom de Voltaire avant celui de Frédéric, parce que nous croyons que Voltaire restera le plus grand aux yeux de la postérité. En outre, Voltaire a toujours aimé les hommes et leur a fait beaucoup de bien, tandis que Frédéric est au rang de ceux qui les ont broyés pour les mêler.

Quoi qu'il en soit, il y a de beaux côtés dans les rapports de ces deux hommes, et Frédéric est, après tout, un de ceux qui ont le mieux compris Voltaire et lui ont le plus rendu justice. Si Frédéric était haut placé par la naissance, il le fut encore par le génie ; il put donc admirer Voltaire par un côté qui leur était commun, l'intelligence.

Frédéric avait vingt-quatre ans lorsqu'il engagea avec Voltaire une correspondance qui, malgré quelques interruptions, a duré jusqu'à la mort de ce dernier. Cultivant les arts, les lettres et la philosophie, le jeune prince, après avoir cruellement souffert des brutalités féroces de son père, vivait le plus souvent retiré à la campagne et ne revenait à Berlin qu'à certaines époques déterminées. Il importe de dire ici quelques mots du caractère singulier du père de Frédéric pour expliquer le sien.

Le roi Frédéric-Guillaume avait deux goûts dominants, poussés jusqu'à la manie : une avarice sordide et l'ambition de posséder l'infanterie la mieux exercée et composée des plus beaux hommes du monde. Il joignait à cela des mœurs dures et grossières. Il jetait au feu les livres de son fils et lui cassait ses flûtes ; un beau jour il fit promener et fesser sur la place publique de Postdam une malheureuse femme qui était la maîtresse du jeune homme et l'accompagnait au piano. Ces procédés inspirèrent au prince le désir de quitter furtivement le toit paternel, pour voyager en Angleterre et en Europe avec deux jeunes officiers, ses amis. Le roi le sut, fit empoigner tout le monde, mit son fils au cachot en attendant qu'on lui fît un procès capital. L'un des officiers parvint à s'échapper ; l'autre fut exécuté sous la fenêtre du prince royal, qui s'évanouit de douleur entre les mains des quatre grenadiers chargés de le faire assister à ce spectacle, auquel le roi était lui-même présent.

Heureusement pour Frédéric, l'empereur Charles VI dépêcha à son père un ambassadeur, spécialement chargé de lui représenter qu'un souverain de l'Empire n'avait pas le droit de faire mourir un prince royal, comme un sujet ordinaire. Le terrible Guillaume finit

par se rendre à ces motifs de haute politique.
Lorsqu'il decouvrit le projet de son fils, le roi
était entré dans une telle colère que, soup-
çonnant l'aînée de ses filles d'y avoir pris part,
il faillit la jeter à coups de pied par la fenêtre
de l'appartement. La reine s'attacha aux vête-
ments de sa fille en désespérée et le crime ne
s'accomplit pas. Voltaire raconte que la margrave de Bareith lui montra, sous le sein
gauche, la marque indélébile de cette pater-
nelle cruauté.

On conçoit aisément que Frédéric dut recevoir de funestes impressions de traitements
aussi barbares. Sa jeunesse s'écoula triste et
misérable, mais il la remplit d'occupations sé-
rieuses, car il était doué d'une activité dévo-
rante et animé du plus louable désir de s'instruire.

En août 1736, Frédéric adresse à Voltaire
une première lettre pleine des sentiments les
plus nobles et finissant ainsi :

« J'espère un jour voir celui que j'admire de
si loin et vous assurer de vive voix que je
suis, avec toute l'estime et la considération
due à ceux qui, suivant le flambeau de la vérité, consacrent leurs travaux au public, votre
affectionné ami. »

Voltaire lui répond en ces termes le 26
août :

« Mon amour-propre est trop flatté, mais
l'amour du genre humain que j'ai toujours eu
dans le cœur et qui, j'ose le dire, fait mon
caractère, m'a donné un plaisir mille fois plus
pur, quand j'ai vu qu'il y a dans le monde un
prince qui pense en homme, un prince philosophe qui rendra les hommes heureux.

« Souffrez que je vous dise qu'il n'y a point
d'homme sur la terre qui ne doive des actions
de grâces aux soins que vous prenez de cultiver par la philosophie une âme née pour com-

mander... Pourquoi si peu de rois recherchent-ils cet avantage ! Vous le sentez, monseigneur, c'est que presque tous songent plus à la royauté qu'à l'humanité... Soyez sûr que, si un jour le tumulte des affaires et la méchanceté des hommes n'altèrent point un si divin caractère, vous serez adoré de vos peuples et béni du monde entier. »

En avril 1737, Voltaire écrit à Frédéric :

« Je vous regarde comme un présent que le ciel a fait à la terre. J'admire qu'à votre âge le goût des plaisirs ne vous ait point emporté, et je vous félicite infiniment que la philosophie vous laisse le goût des plaisirs... Nous sommes nés avec un cœur qu'il faut remplir, avec des passions qu'il faut satisfaire sans en être maîtrisés. »

Le 19 avril 1738, je trouve dans une lettre de Frédéric :

« Pour l'amour de l'humanité ne m'alarmez plus par vos fréquentes indispositions, et ne vous imaginez pas que ces alarmes soient métaphoriques... Faites dresser, je vous prie, le *statum morbi* de vos incommodités, afin de voir si peut-être quelque habile médecin ne pourrait vous soulager. » Le 17 juin de la même année, il insiste de nouveau : « Je ne saurais me persuader que vous ayez la moindre amitié pour moi si vous ne voulez vous ménager. En vérité, Mme la marquise devrait y avoir l'œil. Si j'étais à sa place, je vous donnerais des occupations si agréables qu'elles vous feraient oublier toutes vos expériences de laboratoire. » La lettre du prince royal du 24 juillet commence ainsi : « Mon cher ami, me voilà rapproché de plus de soixante lieues de Cirey. Vous ne sauriez concevoir ce que me fait souffrir votre voisinage : ce sont des impatiences, ce sont des inquiétudes, ce sont enfin toutes les tyrannies de

l'absence. » Du 6 août même année : « Je
viens de recevoir votre belle épître sur
l'*homme* ; ces pensées sont aussi dignes de
vous que la conquête de l'univers l'était
d'Alexandre. Vous recherchez modestement la
vérité et vous la publiez avec hardiesse. Non,
il ne peut y avoir qu'un Dieu et qu'un Voltaire dans la nature. »

Le 16 février 1739, Voltaire disait au prince,
au milieu de l'amertume que lui causaient les
persécutions :

« Je suis en France, parce que Mme du
Chatelet y est ; sans elle il y a longtemps
qu'une retraite plus profonde me déroberait à
la persécution et à l'envie... Tous les huit
jours je suis dans la crainte de perdre la liberté ou la vie. »

Frédéric lui répond, le 15 avril :

« Je voudrais pouvoir soulager l'amertume
de votre condition, et je vous assure que je
pense aux moyens de vous servir efficacement.

» Consolez-vous toujours de votre mieux,
mon cher ami, et pensez que pour établir une
égalité de conditions parmi les hommes, il
vous fallait des revers capables de balancer
les avantages de votre génie, de vos talents et
de l'amitié de la marquise. »

Pendant la maladie du roi son père, Frédéric termine ainsi une lettre du 23 mars 1740 :

« Si je change de condition, vous en serez
instruit des premiers. Plaignez-moi, car je
vous assure que je suis effectivement à plaindre ; aimez-moi toujours, car je fais plus cas
de votre amitié que de vos respects. Soyez
persuadé que votre mérite m'est trop connu
pour ne pas vous donner, en toutes les occasions, des marques de la parfaite estime avec
laquelle je serai toujours votre très fidèle ami,
Frédéric. »

Enfin Frédéric est sur le trône, le 6 juin
1740, il écrit à Voltaire :

« Mon cher ami, mon sort est changé et j'ai
assisté aux derniers moments d'un roi... Je
n'avais pas besoin de cette leçon pour être
dégoûté de la vanité des grandeurs humaines...
Enfin, mon cher Voltaire, nous ne sommes
pas maîtres de notre sort. Le tourbillon des
événements nous entraîne et il faut se laisser
entraîner. Ne voyez en moi, je vous prie,
qu'un citoyen zélé, un philosophe un peu
sceptique, mais un ami véritablement fidèle.
Pour Dieu, ne m'écrivez qu'en homme...Adieu,
mon cher Voltaire, si je vis, je vous verrai,
aimez-moi toujours et soyez sincère avec votre
ami, Frédéric. »

Il y a trois époques à distinguer dans la
correspondance aussi bien que dans les rapports de Frédéric et de Voltaire. La première
comprend les années qui précédèrent l'avéne-
ment du prince au trône, la seconde celles qui
s'écoulèrent depuis cette date jusqu'à la fin
des guerres dont Frédéric sortit vainqueur
après avoir été à deux doigts de sa perte, la
troisième embrasse les dernières années de
leur vie. Dans la première époque, le ton des
lettres est celui d'un jeune homme très sérieu-
sement occupé de s'instruire et très enthousiaste du génie de son correspondant. L'admiration de Frédéric est profonde, il le témoigne
par un juste respect et par une sorte de culte,
qui se traduit par mille attentions et des
craintes très vives et très répétées sur la mauvaise santé de Voltaire. La seconde est celle
qui fait le moins d'honneur au monarque.
L'ambition s'est presque entièrement emparée
de l'homme. L'usage du pouvoir en a fait un
despote très dur et qui souffre peu la contradiction. Le mauvais succès de ses affaires, la

nécessité de mener la rude vie des camps au milieu des horreurs qu'entraîne la guerre, l'habitude de manier les hommes pour les asservir à sa volonté et les faire marcher à son but, la goutte et différentes incommodités, le poids d'une couronne de conquérant et de roi absolu, toutes ces causes troublèrent profondément l'âme de Frédéric. Il y a loin du ton du jeune prince à celui de l'homme mûr.

Cette période comprend aussi les relations directes de Frédéric et de Voltaire. L'amour-propre d'auteur, l'humeur despotique du souverain, les basses manœuvres de leur entourage troublèrent bientôt ces rapports, malgré leur admiration mutuelle et la grâce incomparable de l'esprit de Voltaire. Le roi lui fit subir à Francfort de grossières avanies, tout à fait dignes de la barbare rusticité de son père. Jamais Voltaire ne put les oublier, tant elles furent odieuses, et jamais Frédéric ne les a convenablement réparées, tant était absolu le caractère de ce despote de génie. La margrave de Bareith principalement, et les autres membres de la famille royale de Prusse, firent au contraire tout ce qui dépendait d'eux pour panser cette blessure profonde. A deux reprises cependant, Voltaire se donna le plaisir, digne d'une âme généreuse, d'essayer d'être utile à Frédéric en le raccommodant avec la cour de France ; puis de consoler et de fortifier son héros, lorsque, dans une crise suprême, quelque temps avant la bataille de Rosbach, il avait pris la résolution de mettre fin à sa vie. En cette circonstance grave, Voltaire montra autant de cœur que de raison et agit heureusement sur l'âme de Frédéric et sur celle de la malheureuse margrave de Bareith, plus digne de ces preuves de haute sympathie. Le lecteur retrouvera quelques traces touchantes

de ces rapports affectueux dans les circonstances les plus extrêmes.

Après avoir désespéré de sa cause et résolu
de s'ôter la vie (1757), Frédéric, auquel Voltaire avait écrit deux lettres très nobles et
très affectueuses pour l'en détourner, Frédéric
abandonna ce funeste dessein.

> Pour moi, menacé du naufrage,
>   Je dois, affrontant l'orage,
>   Penser, vivre ou mourir en roi.

Voltaire répond à l'épître qui se termine par
ces trois vers :

« Non seulement ce parti désespérait un
cœur comme le mien, qui ne vous a jamais
été assez développé et qui a toujours été attaché à votre personne, quoi qu'il ait pu arriver, mais ma douleur s'aigrissait des injustices
qu'une partie des hommes ferait à votre mémoire.

» J'oserai ajouter que Charles XII, qui avait
votre courage avec infiniment moins de lumières et moins de compassion pour ses peuples, fit la paix avec le czar, sans s'avilir. Il ne
m'appartient pas d'en dire davantage, et votre
raison suprême vous en dit cent fois davantage.

» Je dois me borner à représenter à Votre
Majesté combien sa vie est nécessaire à sa famille,
aux Etats qui lui demeureront, aux philosophes
qu'elle peut éclairer et soutenir, et qui auraient,
croyez-moi, beaucoup de peine à justifier devant le public une mort volontaire, contre
laquelle tous les préjugés s'élèveraient. Je dois
ajouter que quelque personnage que vous fassiez, il sera toujours grand.

» Je prends du fond de ma retraite plus d'intérêt à votre sort que je n'en prenais dans
Postdam et Sans-Souci. Cette retraite serait
heureuse et ma vieillesse infirme serait conso-

lée, si je pouvais être assuré de votre vie, que
le retour de vos bontés me rend encore plus
chère... C'est être véritablement roi que de
soutenir l'adversité en grand homme (13 novembre 1757). »

Plus tard, lorsque l'ambition de Frédéric est
satisfaite, lorsqu'il n'est plus aux prises avec la
fortune et plongé dans les horreurs et les crimes de la guerre, il semble retrouver la trace
des sentiments de sa jeunesse. Il est vrai que
la brillante activité de Voltaire lui fait une
auréole lumineuse qui ne pouvait manquer de
frapper un homme tel que Frédéric. Malgré la
mauvaise opinion qu'il a de l'humanité, le
despote ne peut s'empêcher de l'admirer en
Voltaire.

En témoignant au philosophe un sincère
enthousiasme pour son génie inépuisable, il
est forcé de reconnaître son grand cœur ; et il
s'associe à quelques-unes de ses bonnes actions. Enfin on voit avec plaisir chez cette
âme, endurcie par la guerre et la rude besogne qui incombe à tout despote, des éclairs de
sensibilité et des retours d'affection pour le
noble vieillard, que la maladie et les années
assiègent sans jamais l'abattre.

Voici quelques extraits des lettres échangées
entre le roi et le philosophe dans la fin de la
seconde et pendant la troisième époque, que
j'ai déterminées.

VOLTAIRE A FRÉDÉRIC, 19 mai 1759. — « Je
tombe des nues quand vous m'écrivez que je
vous ai dit des duretés. Vous avez été mon
idole pendant vingt années de suite ; *je l'ai
dit à la terre, au ciel, à Gusman même* ; mais
votre métier de héros et votre place de roi ne
rendent pas le cœur très sensible. C'est dommage, car ce cœur était fait pour être humain
et sans l'héroïsme et le trône vous auriez été
le plus aimable des hommes dans la société,

» En voilà trop si vous êtes en présence de l'ennemi, et trop peu si vous êtes avec vous-même dans le sein de la philosophie, qui vaut encore mieux que la gloire.

» Comptez que je suis toujours assez sot pour vous aimer, autant que je suis assez juste pour vous admirer. Reconnaissez la franchise et recevez avec bonté le profond respect du Suisse Voltaire. »

AU MÊME, 21 avril 1760. — « Vous m'avez fait assez de mal, vous m'avez brouillé avec le roi de France ; vous m'avez fait perdre mes emplois et mes pensions ; vous m'avez mal-traité à Francfort, moi et une femme inno-cente, une femme considérée, qui a été traî-née dans la boue et mise en prison. Ensuite, en m'honorant de vos lettres vous corrompez la douceur de cette consolation par des repro-ches amers. Est-il possible que ce soit vous qui me traitiez ainsi, quand je suis occupé depuis trois ans, quoique inutilement, de vous servir sans aucune autre vue que celle de suivre ma façon de penser ?

» . . . . . . C'est vous qui me faites des re-proches et ajoutez ce triomphe aux insultes des fanatiques ! Cela me fait prendre le monde en horreur avec justice ; j'en suis heureuse-ment éloigné dans mes domaines solitaires. Je bénirai le jour où je cesserai, en mourant, d'avoir à souffrir et surtout à souffrir par vous ; mais ce sera en vous souhaitant un bonheur dont votre position n'est peut-être pas susceptible et que la philosophie pouvait seule vous procurer dans les orages de votre vie, si la fortune vous permet de vous borner à cultiver longtemps ce fonds de sagesse que vous avez en vous ; fonds admirable, mais altéré par les passions inséparables d'une grande imagination, un peu par humeur, et par des situations épineuses qui versent du fiel dans votre âme, enfin par le malheureux plaisir que vous vous êtes toujours fait de vouloir humilier les autres hommes, de leur dire, de leur écrire des choses piquantes, plaisir indigne de vous, d'autant plus que vous êtes plus élevé au-dessus d'eux par votre rang et par vos talents uniques. Vous sentez sans doute ces vérités.

» Pardonnez a ces vérités que vous dit un vieillard qui a peu de temps à vivre; et il vous le dit avec d'autant plus de confiance que, convaincu lui-même de ses misères et de ses faiblesses infiniment plus grandes que les vôtres, mais moins dangereuses par son obscurité, il ne peut être soupçonné par vous de se croire exempt de torts pour se mettre en droit de se plaindre de quelques-uns des vôtres. Il gémit des fautes que vous pouvez avoir faites autant que des siennes, et il ne veut plus songer qu'à réparer avant sa mort les écarts funestes d'une imagination trompeuse, en faisant des vœux pour qu'un aussi grand homme que vous soit aussi heureux et aussi grand en tout qu'il doit l'être. »

RÉPONSE DU ROI, 12 mai 1760. — « Je sais très bien que j'ai des défauts et même de grands défauts. Je vous assure que je ne me traite pas doucement et que je ne me pardonne rien, quand je me parle à moi-même ; mais j'avoue que ce travail serait moins infructueux si j'étais dans une situation où mon âme n'eût pas à souffrir de secousses aussi impétueuses...

» Je n'entre pas dans la recherche du passé. Vous avez eu sans doute les plus grands torts envers moi. Votre conduite n'eût été tolérée par aucun philosophe. Je vous ai tout pardonné et même je veux tout oublier. Mais si vous n'aviez pas eu affaire à un fou amoureux de votre beau génie, vous ne vous en seriez pas tiré aussi bien chez tout autre. Tenez-vous le donc pour dit et que je n'entende plus parler de cette nièce qui m'ennuie... »

Sans doute, Frédéric avait encore sur le cœur le refus de Mme Denis de venir à Berlin, avec de brillants avantages de sa part, pour y tenir la maison de son oncle. Le roi songeait peut-être que si cette Parisienne avait fait moins la dédaigneuse et marqué plus d'affection à Voltaire, il eût gardé toujours près de lui le plus aimable et le plus grand homme de son siècle. *Vous ne vous en seriez pas tiré aussi bien chez tout autre*, on sent là cette main qui tint impitoyablement enfermé ce malheureux baron de Trenck.

DE FRÉDÉRIC, 31 octobre 1760. — « Le gros de notre espèce est sot et méchant. Tout homme a une bête féroce en soi, peu savent l'enchaîner ; la plupart lui lâchent le frein, lorsque la terreur et les lois ne les retiennent pas.

» Vous me trouverez peut-être un peu misanthrope. Je suis malade, je souffre, et j'ai affaire à une demi-douzaine de coquins et de coquines qui démonteraient un Socrate, un Antonin. Vous êtes heureux de suivre les conseils de Candide et de vous borner à cultiver votre jardin. Il n'est pas donné à tout le monde d'en faire autant. Il faut que le bœuf trace un sillon, que le rossignol chante, que le dauphin nage et que je fasse la guerre. »

DE FRÉDÉRIC. — 24 octobre 1765. — « Je vous félicite de la bonne opinion que vous avez de l'humanité. Pour moi, qui, par le devoir de mon état, connais beaucoup cette espèce à deux pieds sans plume, je vous prédis que ni vous ni tous les philosophes du monde ne corrigeront le genre humain de la superstition... Cependant je crois que la voix de la raison, à force de s'élever contre le fanatisme, pourra rendre la race future plus tolérante que celle de notre temps ; et c'est beaucoup gagner.

» On vous aura l'obligation d'avoir corrigé les hommes de la plus cruelle, de la plus barbare folie qui les ait possédés et dont les suites font horreur. »

DE FRÉDÉRIC, 14 octobre 1773. — « J'ai été en Prusse abolir le servage, réformer des lois barbares, en promulguer de plus raisonnables, ouvrir un canal qui joint la Vistule, la Nètre, la Vaste, l'Oder et l'Elbe ; rebâtir des villes détruites depuis la peste de 1709, défricher vingt milles de marais et établir quelque police dans un pays où ce nom était même inconnu... De plus j'ai arrangé la bâtisse de soixante villages dans la haute Silésie, où il restait des terres incultes. Chaque village a vingt familles. J'ai fait faire des grands chemins dans les montagnes et rebâti deux villes brûlées.

» Je ne vous parle point de troupes, cette matière est trop prohibée à Ferney pour que je la touche. Je vous souhaite cette paix, accompagnée de toutes les prospérités possibles et j'espère que le patriarche de Ferney n'oubliera pas le philosophe de Sans-Souci, qui admire et admirera son génie, jusqu'à extinction de chaleur humaine. *Vale.* Frédéric. »

DE VOLTAIRE, 8 novembre 1773. — « Je vous bénis de mon village de ce que vous en avez tant bâti ; je vous bénis au bord de mon marais de ce que vous en avez tant desséché ; je vous bénis avec mes laboureurs de ce que vous en avez tant délivrés de l'esclavage, et que vous les avez changés en hommes. »

DE FRÉDÉRIC, 26 novembre 1773. — « Quoique je sois venu trop tôt en ce monde, je ne m'en plains pas ; *j'ai vu Voltaire, et, si je ne le vois plus, je le lis et il m'écrit.* Continuez longtemps de même et jouissez de toute la gloire qui vous est due... »

DU MÊME, 18 novembre 1774. — « Votre lettre m'a affligé. Je ne saurais m'accoutumer à vous perdre tout à fait, et il me semble qu'il manquerait quelque chose à notre Europe si elle était privée de Voltaire. »

DU MÊME, 10 décembre 1774. — « Non, vous ne mourrez pas de sitôt ; vous prenez les suites de l'âge pour les avant-coureurs de la mort. Ce feu divin, que Prométhée déroba aux dieux et qui vous remplit, vous soutiendra et vous conservera encore longtemps. *Vos sermons ne baissent pas.* »

DU ROI, 18 juin 1776. — « La raison se développe journellement dans notre Europe, les pays les plus stupides en ressentent les secousses... C'est vous, ce sont vos ouvrages qui ont produit cette révolution dans les esprits. La bonne plaisanterie a ruiné les remparts de la superstition..... Jouissez de votre triomphe ; que votre raison domine longues années sur les esprits que vous avez éclairés, et que le patriarche de Ferney, le coryphée de la vérité, n'oublie pas le solitaire de Sans-Souci. »

DU MÊME, 22 octobre 1776. — « Faites-moi au moins savoir quelques nouvelles de la santé du vieux patriarche. Je n'entends pas raillerie sur son compte, je me flatte que le quart d'heure de Rabelais sonnera pour nous deux dans la même minute... et que je n'aurai pas le chagrin de lui survivre et d'apprendre sa perte, qui en sera une pour l'Europe. Ceci est sérieux : ainsi, je vous recommande à la sainte garde d'Apollon, des Grâces qui ne vous quittent jamais et des Muses qui veillent autour de vous. »

DU MÊME, décembre 1776. — « Quelle honte pour la France de persécuter un homme unique... Quelle lâcheté plus révoltante que de

répandre l'amertume sur vos derniers jours!
Ces indignes procédés me mettent en colère..
Cependant soyez sûr que le plus grand crève-
cœur que vous puissiez faire à vos ennemis,
c'est de vivre en dépit d'eux. »

DU MÈME, 10 février 1777. — « Vous aurez
toutefois eu l'avantage de surpasser tous vos
prédécesseurs par le noble héroïsme avec lequel vous avez combattu l'erreur. »

DU MÈME, 9 novembre 1777. — « Vous êtes
l'aimant qui attirez à vous les êtres qui pensent; chacun veut voir cet homme unique qui
est la gloire de notre siècle. »

DU MÈME, 25 janvier 1778.—« D'impitoyables
gazetiers avaient annoncé votre mort, tout ce
qui tient à la république des lettres et moi
indigne, nous avons été frappés de terreur...
Vivez, vivez pour continuer votre brillante
carrière, pour ma satisfaction et pour celle de
tous les êtres qui pensent. »

On est heureux de voir se terminer, avec
dignité et affection, une amitié, née dans
l'enthousiasme et l'estime réciproques, presque rompue par de cruels orages, enfin ravi-
vée par le malheur et consacrée par le temps,
car elle ne dura pas moins de quarante-deux
ans. Frédéric voulut faire lui-même l'éloge
de son ami, de l'homme du siècle, dans le sein
de l'Académie de Berlin.

Et il est juste de constater que dans cet
éloge, sous l'influence de l'âge et de ses regrets sincères, l'ambitieux, le despote, le dur
et victorieux capitaine a prononcé ces paroles:
« Quelque précieux que soient les dons du génie, ces présents que la nature ne prodigue
que rarement, ne l'emportent cependant jamais sur les actes d'humanité et de bienfai-
sance : on admire les premiers et l'on bénit
et vénère les seconds. » Il est beau pour la
mémoire de Voltaire que sa noble existence

ait inspiré de tels sentiments à Frédéric; et il est assez curieux de remarquer à cette occasion que Laharpe, en digne académicien, n'a indiqué comme unique ressort de la prodigieuse activité de Voltaire que *l'amour de la gloire.* « A mesure, dit-il, qu'il sentait la vie lui échapper, il embrassait plus fortement la gloire... Il ne respirait plus que pour elle et par elle. »

D'Alembert, Condorcet, Diderot, Frédéric, Catherine, Turgot, Franklin, Gœthe, ont bien vengé Voltaire de la myopie du panégyriste Laharpe, myopie caractéristique et qui donne la juste mesure de la pauvreté de cœur et d'intelligence de ce faiseur de phrases.

Quoi qu'il ait écrit et quoi qu'il ait fait, on doit dire à l'honneur et à la décharge de Frédéric : *Il admira Voltaire et il l'aima autant qu'il pouvait aimer.*

Le roi survécut huit ans à son ami et mourut en 1786, à l'âge de 74 ans.

La correspondance de Voltaire avec la plupart des membres de la famille royale de Prusse est assez considérable. Assurément, au point de vue du cœur, tous les membres de cette famille valaient beaucoup mieux que leur illustre chef. Ici, plus de traces d'amour-propre d'auteur, plus de paroles sentant le despote ayant mauvaise opinion de l'espèce humaine. On ne voit que des preuves d'une affection sincère, d'une véritable admiration, et souvent d'une reconnaissance très réelle. La margrave de Bareith et le prince royal qui succéda à son oncle le grand Frédéric, méritent d'être particulièrement distingués.

Par son dévouement à son frère, par la part qu'elle prit à ses malheurs, par ses communications plus fréquentes et plus importantes avec Voltaire, par la manière gracieuse avec laquelle elle s'efforça de réparer l'indigne conduite de Frédéric à Francfort, la margrave de Bareith occupe naturellement la première place dans ce recueil. Cette princesse avait vécu près de Voltaire pendant son séjour en Prusse. Elle avait de l'instruction et un esprit sans préjugés. On voit de ses lettres qui commencent ainsi : « Sœur Guillemette à frère » Voltaire, salut, car je me compte parmi les » heureux habitants de votre abbaye » (allusion à la société des soupers intimes de Frédéric).

Mais c'est pendant la guerre de Sept Ans, lorsque Frédéric, attaqué à la fois par l'Autriche, la France et la Russie, faillit succomber sous tant d'ennemis, que les lettres de la margrave empruntent à la gravité des circonstances et à l'état violent de son âme désespérée un intérêt extrême. Voltaire songea à opérer un rapprochement entre la cour de Berlin et celle de Versailles. Il en écrivit à cette princesse et au maréchal de Richelieu qui commandait une de nos armées en Allemagne. C'était quelques mois avant Rosbach. Le roi de Prusse semblait perdu et Voltaire, qui ne désirait point la ruine de son ancien disciple, ne songea qu'à le consoler et à essayer de le tirer de ce mauvais pas. Cette négociation n'aboutit pas, quoiqu'elle fût opportune et dans l'intérêt de la France. Mais Frédéric avait blessé l'amour-propre de Mme de Pompadour et l'abbé de Bernis, sa créature, était ministre des affaires étrangères.

Le 19 août 1757, la margrave répondait à Voltaire :

« On ne connaît ses amis que dans le malheur; la lettre que vous m'avez écrite fait bien de l'honneur à votre façon de penser. Je ne saurais vous témoigner combien je suis sensible à votre procédé. Le roi l'est autant que moi... Je suis dans un état affreux et je ne survivrai pas à la destruction de ma maison et de ma famille. C'est l'unique consolation qui me reste. Vous aurez de beaux sujets de tragédies... Je ne puis vous en dire davantage, mon âme est si troublée que je ne sais ce que je fais. Quoi qu'il puisse arriver, soyez persuadé que je suis plus que jamais votre amie, Wilhelmine. »

Vingt-huit jours après, le 12 septembre, la malheureuse princesse continue ainsi : « Votre lettre m'a sensiblement touchée, celle que vous m'avez adressée pour le roi a fait le même effet sur lui. Je m'étais flattée que vos réflexions feraient quelque impression sur son esprit. Vous verrez le contraire par le billet ci-joint. Il ne me reste qu'à suivre sa destinée, si elle est malheureuse ; je ne me suis jamais piquée d'être philosophe, j'ai fait mes efforts pour le devenir. Le peu de progrès que j'ai fait m'a appris à mépriser les grandeurs et les richesses, mais je n'ai rien trouvé dans la philosophie qui puisse guérir les plaies du cœur que le moyen de s'affranchir de ses maux en cessant de vivre. L'état où je suis est pire que la mort... Plût au ciel que je fusse chargée seule de tous les maux que je viens de vous décrire ! je les souffrirais avec fermeté ! Pardonnez-moi ce détail. Vous m'engagez, par la part que vous prenez à ce qui me regarde, à vous ouvrir mon cœur. Hélas ! l'espoir en est presque banni. Que vous êtes heureux dans votre ermitage, je vous y souhaite tout le bonheur imaginable. Si la fortune nous favorise encore, comptez sur toute ma reconnaissance, je n'oublierai jamais toutes les marques d'attachement que vous m'avez données ; ma sensibilité vous en est garant. Je ne suis jamais amie à demi et je le serai toujours véritablement de frère Voltaire. Bien des compliments à Mme Denis

Continuez, je vous prie, d'écrire au roi. Wilhelmine. »

Après la bataille de Rosbach, 6 novembre
1757, les affaires du roi de Prusse, quoique
toujours en fâcheux état, prirent une meilleure tournure ; mais la santé de la margrave
avait reçu des atteintes trop profondes pour
qu'elle pût se remettre. Cette princesse mourut le 14 octobre 1758.

Frédéric écrivait à Voltaire le 6 novembre de
cette année : « Il vous a été facile de juger de
ma douleur par la perte que j'ai faite... Si
cela eût dépendu de moi, je me serais volontiers dévoué à la mort pour prolonger les
jours de celle qui ne voit plus la lumière.
N'en perdez jamais la mémoire et rassemblez,
je vous prie, toutes vos forces pour élever un
monument en son honneur. Vous n'avez qu'à
lui rendre justice, et, sans vous écarter de la
vérité, vous trouverez la matière la plus ample et la plus belle. Je vous souhaite plus de
repos et de bonheur que je n'en ai. »

Le poète satisfit aux désirs du roi comme
aux besoins de son cœur et loua la grandeur
d'âme et l'intelligence élevée de la princesse
dans une ode qui courut l'Europe.

Le prince de Prusse, depuis Frédéric-Guillaume II, s'adresse ainsi à Voltaire le 12 novembre 1770 : « Je vous admire, monsieur,
depuis que je vous lis...J'ai vu avec un extrême
plaisir que la même plume, qui travaille depuis si longtemps à frapper la superstition et
à ramener la tolérance, s'occupe aussi à renverser le funeste principe du *Système de la
Nature*... Souffrez, monsieur, que je vous demande pour ma seule instruction, si en avan-
çant en âge vous ne trouvez rien à changer à
vos idées sur la nature de l'âme... Je n'aime
pas à me perdre dans des raisonnements métaphysiques, mais je voudrais ne pas mourir

tout entier et qu'un génie tel que le vôtre ne fût pas anéanti. Je regrette souvent, monsieur, en vous lisant, de n'avoir pas été en âge de profiter des charmes de votre conversation dans le temps que vous étiez ici. Je n'ignore pas combien le feu prince de Prusse, mon frère, vous estimait; je vous prie de croire que j'ai hérité de ses sentiments. J'embrasserai avec plaisir l'occasion de vous en donner des preuves et de vous convaincre, monsieur, combien je suis votre très affectionné ami. »

Le 28 du même mois, Voltaire répond : « Il est vrai qu'on ne sait pas trop bien ce que c'est qu'une âme, on n'en a jamais vu. Tout ce que nous savons, c'est que le maître éternel de la nature nous a donné la faculté de penser et de connaître la vertu. Il n'est pas démontré que cette faculté vive après notre mort, mais le contraire n'est pas démontré non plus. Il se peut sans doute que Dieu ait accordé la pensée à une monade, qu'il fera penser après nous : rien n'est contradictoire dans cette idée. Au milieu de tous les doutes, le plus sage est de ne jamais rien faire contre sa conscience. Avec ce secret, on jouit de la vie et l'on ne craint rien à la mort.

» Il est bien extravagant de définir Dieu, les anges, les esprits, et de savoir précisément pourquoi Dieu a formé le monde, quand on ne sait pas pourquoi on remue son bras à sa volonté. Nous ne savons rien des premiers principes.

» Le système des athées m'a toujours paru extravagant. Spinosa lui-même admettait une intelligence universelle. Il ne s'agit plus que de savoir si cette intelligence a de la justice. Or il me paraît impertinent d'admettre un Dieu injuste. Tout le reste me semble caché dans la nuit. Ce qui est sûr, c'est que l'homme de bien n'a rien à craindre. »

Le prince répond, 10 mars 1771 : « Pour avoir l'esprit en repos sur l'avenir, il ne faut qu'être homme de bien. Je le serai toujours : j'en ferai toute ma vie honneur à vos sages exhortations et j'attendrai patiemment que la toile se lève pour voir dans l'éternité. Vous êtes assez heureux, monsieur, pour que je ne puisse vous être bon à rien. S'il se présentait néanmoins quelque occasion de vous faire plaisir, disposez, je vous prie, de votre très affectionné ami. »

A l'exposition universelle de 1867, on fit figurer à Paris le moulage en plâtre du monument élevé à Berlin en l'honneur du grand Frédéric. Je ne veux point ici apprécier cette œuvre au point de vue artistique. Mais je remarquais alors et je crois bon de faire remarquer que sur les bas-reliefs, illustrant les quatre faces du piédestal de cette statue équestre, l'un d'eux représentait Frédéric entouré des savants et des membres de l'Académie dont il était le fondateur. On y voit les figures de Maupertuis, d'Argens, etc., mais on y cherche en vain celle de Voltaire, qui fut cependant le plus illustre membre de cette académie, laquelle a entendu de la bouche du roi philosophe l'éloge du patriarche de Ferney.

Pourquoi cette éclatante omission ? pourquoi Voltaire brille-t-il par son absence dans cette réunion ?

Est-il besoin de le constater encore une fois, c'est que Voltaire libre-penseur, avocat du genre humain, promoteur et précurseur de 89, ne peut être amnistié par des partisans du droit divin, tels que Guillaume et Bismarck.

Il est bon de le faire remarquer, car cela est tout à l'honneur de Voltaire.

Ces répugnances ne se voient pas seulement en Allemagne. A la mort du dernir marquis de Villette, fils de *Belle et Bonne*, la pupille

de Voltaire, les héritiers légitimes, après avoir
tout partagé, cherchèrent un moyen honnête de
se débarrasser de l'urne d'argent contenant le
cœur de Voltaire et sur laquelle le mari de
Belle et Bonne avait inscrit ce vers :

Son esprit est partout, mais son cœur est ici !

Jusque-là ce vase avait été précieusement
conservé à Villette, avec quelques autres reliques par le fils de la pupille de Voltaire.

On conçoit l'embarras des héritiers Villette,
tous bons catholiques et bon légitimistes. Ils
imaginèrent d'offrir l'urne, peu édifiante, à
l'Académie française. C'était assez bien trouvé, car l'Académie possède une bibliothèque,
un musée qui contient même la statue de Voltaire, exécutée en 1770 par Pigalle, grâce
à une souscription publique. Cette statue
historique avait été donnée à l'Académie française par la nièce de Voltaire, Mme Denis, et
naturellement l'Académie s'empressa de l'accepter avec reconnaissance et enthousiasme.

À ce moment le monde était plein de la
gloire de Voltaire et tout aux regrets causés
par la perte de ce grand homme, comme le
prouva en 91 la translation des cendres et
l'apothéose de Voltaire au Panthéon.

Autres temps, autres mœurs.

L'Académie de nos jours, où prédominait
l'influence de MM. Guizot, Dupanloup, de
Broglie, etc., ne se soucia nullement d'accepter le don des héritiers Villette.

Elle tourna comme elle put la difficulté et
l'urne consacrée par la piété filiale se trouve
aujourd'hui déposée à la Bibliothèque nationale. C'est matériellement tout ce qui nous
reste de Voltaire, car on sait que la tombe du
Panthéon a été violée en 1816 et que de bons
catholiques ont jeté aux gémonies les restes du
philosophe. Ainsi a été repoussé de mains en

mains, cette urne qui renferme le cœur de Voltaire, lequel pendant 84 ans palpita avec la plus grande énergie pour la cause de la Justice et de la Vérité.

Dame ! avouer Voltaire, accepter l'ennemi implacable de la superstition et du fanatisme, le don Quichotte de l'humanité, cela ne peut être le fait de tout le monde, pas plus en France qu'en Prusse.

Cette espèce d'ostracisme posthume de Voltaire est un supplice bien doux, quand on se rappelle que Socrate a bu la ciguë, que Jésus a été crucifié, qu'Arnauld de Brescia, Galilée, Campanella, Jean Huss, Giordano Bruno ont été brûlés, torturés ou pendus.

Je ne puis nommer tous les martyrs de la Vérité et de la Justice. J'ajouterai seulement que Descartes, pour pouvoir penser et écrire librement, a été obligé de s'exiler en Hollande et en Suède.

Il faut donc reconnaître que Guillaume et Bismarck n'ont pas été plus sots, plus ridicules et plus odieux que Louis XIV avec ses dragonnades, et que toutes ces pitoyables violences n'empêchent pas le monde de tourner.

E. DE POMPERY.

CORRESPONDANCE

DE VOLTAIRE

AVEC

LE ROI DE PRUSSE

DU PRINCE ROYAL

A Berlin, 8 auguste 1736.

Monsieur, quoique je n'aie pas la satisfaction de vous connaître personnellement, vous ne m'en êtes pas moins connu par vos ouvrages. Ce sont des trésors d'esprit, si l'on peut s'exprimer ainsi, et des pièces travaillées avec tant de goût, de délicatesse et d'art, que les beautés en paraissent nouvelles chaque fois qu'on les relit. Je crois y avoir reconnu le caractère de leur ingénieux auteur, qui fait honneur à notre siècle et à l'esprit humain. Les grands hommes modernes vous auront un jour l'obligation, et à vous uniquement, en cas que la dispute à qui d'eux ou des anciens la préférence est due, vienne à renaître, que vous ferez pencher la balance de leur côté.

Vous ajoutez à la qualité d'excellent poëte une infinité d'autres connaissances

qui, à la vérité, ont quelque affinité avec
la poésie, mais qui ne lui ont été appro-
priées que par votre plume. Jamais poète
ne cadença des pensées métaphysiques :
l'honneur vous en était réservé le premier.
C'est ce goût que vous marquez dans vos
écrits pour la philosophie, qui m'engage à
vous envoyer la traduction que j'ai fait
faire de l'accusation et de la justification
du sieur Wolf, le plus célèbre philosophe
de nos jours, qui, pour avoir porté la lumière dans les endroits les plus ténébreux
de la métaphysique, et pour avoir traité
ces difficiles matières d'une manière aussi
relevée que précise et nette, est cruellement accusé d'irréligion et d'athéisme. Tel
est le destin des grands hommes ; leur
génie supérieur les expose toujours aux
traits envenimés de la calomnie et de l'envie.

Je suis à présent à faire traduire le
Traité de Dieu, de l'âme et du monde, émané
de la plume du même auteur. Je vous l'enverrai, monsieur, dès qu'il sera achevé, et
je suis sûr que la force de l'évidence vous
frappera dans toutes ses propositions, qui
se suivent géométriquement, et connectent
les unes avec les autres comme les an-
neaux d'une chaîne.

La douceur et le support que vous marquez pour tous ceux qui se vouent aux arts
et aux sciences, me font espérer que vous
ne m'exclurez pas du nombre de ceux que
vous trouvez dignes de vos instructions.
Je nomme ainsi votre commerce de lettres,
qui ne peut être que profitable à tout être
pensant. J'ose même avancer, sans déroger
au mérite d'autrui, que dans l'univers entier il n'y aurait pas d'exception à faire de
ceux dont vous ne pourriez être le maître.

Sans vous prodiguer un encens indigne de vous être offert, je peux vous dire que je trouve des beautés sans nombre dans vos ouvrages. Votre *Henriade* me charme, et triomphe heureusement de la critique peu judicieuse que l'on en a faite. La tragédie de *César* nous fait voir des caractères soutenus ; les sentiments y sont tous magnifiques et grands ; et l'on sent que Brutus est ou Romain ou Anglais. *Alzire* ajoute aux grâces de la nouveauté cet heureux contraste des mœurs des sauvages et des Européens. Vous faites voir, par le caractère de Gusman, qu'un christianisme mal entendu, et guidé par le faux zèle, rend plus barbare et plus cruel que le paganisme même.

Corneille, le grand Corneille, lui qui s'attirait l'admiration de tout son siècle, s'il ressuscitait de nos jours, verrait avec étonnement, et peut-être avec envie, que la tragique déesse vous prodigue avec profusion les faveurs dont elle était avare envers lui. A quoi n'a-t-on pas lieu de s'attendre de l'auteur de tant de chefs-d'œuvre ! Quelles nouvelles merveilles ne vont pas sortir de la plume qui jadis traça si spirituellement et si élégamment *le Temple du Goût !*

C'est ce qui me fait désirer si ardemment d'avoir tous vos ouvrages. Je vous prie, monsieur, de me les envoyer et de me les communiquer sans réserve. Si parmi les manuscrits il y en a quelqu'un que, par une circonspection nécessaire, vous trouviez à propos de cacher aux yeux du public, je vous promets de le conserver dans le sein du secret, et de me contenter d'y applaudir dans mon particulier. Je sais malheureusement que la foi des princes est un objet peu respectable de nos jours, mais j'espère néanmoins que vous ne vous laisserez pas préoccuper par des préjugés généraux, et que vous ferez une exception à la règle en ma faveur.

Je me croirai plus riche en possédant vos ouvrages, que je ne le serai par la possession de tous les biens passagers et méprisables de la fortune, qu'un même hasard fait acquérir et perdre. L'on peut se rendre propres les premiers, s'entend vos ouvrages, moyennant le secours de la mémoire, et ils nous durent autant qu'elle. Connaissant le peu d'étendue de la mienne, je balance longtemps avant de me déterminer sur le choix des choses que je juge dignes d'y placer.

Si la poésie était encore sur le pied où elle fut autrefois, savoir, que les poètes ne savaient que fredonner des idylles ennuyeuses, des églogues faites sur un même moule, des stances insipides, ou que tout au plus ils savaient monter leur lyre sur le ton de l'élégie. j'y renoncerais à jamais ; mais vous ennoblissez cet art, vous nous montrez des chemins nouveaux et des routes inconnues aux *** et aux Rousseau.

Vos poésies ont des qualités qui les rendent respectables et dignes de l'admiration et de l'étude des honnêtes gens. Elles sont un cours de morale où l'on apprend à penser et à agir. La vertu y est peinte des plus belles couleurs. L'idée de la véritable gloire y est déterminée ; et vous insinuez le goût des sciences d'une manière si fine et si délicate, que quiconque a lu vos ouvrages respire l'ambition de suivre vos traces. Combien de fois ne me suis-je pas dit : Malheureux ! laisse là un fardeau dont le poids surpasse tes forces : l'on ne peut imiter Voltaire, à moins que d'être Voltaire même.

C'est dans ces moments que j'ai senti que les avantages de la naissance, et cette fumée de grandeur dont la vanité nous berce, ne servent qu'à peu de chose, ou pour mieux dire à rien. Ce sont des distinctions étrangères à nous-mêmes, et qui ne décorent que la figure. De combien les talents de l'esprit ne leur sont-ils pas préférables ! Que ne doit-on pas aux gens que la nature a distingués parce qu'elle les a fait naître ! Elle se plaît à former des sujets qu'elle doue de toute la capacité nécessaire pour faire des progrès dans les arts et dans les sciences ; et c'est aux princes à récompenser leurs veilles. Eh ! que la gloire ne se sert-elle de moi pour couronner vos succès ! Je ne craindrais autre chose, sinon que ce pays, peu fertile en lauriers, n'en fournît pas autant que vos ouvrages en méritent.

Si mon destin ne me favorise pas jusqu'au point de pouvoir vous posséder, du moins puis-je espérer de voir un jour celui que depuis si longtemps j'admire de si loin, et de vous assurer de vive voix que je suis avec toute l'estime et la considération due à ceux qui, suivant pour guide le flambeau de la vérité, consacrent leurs travaux au public, monsieur, votre affectionné ami, FÉDÉRIC, P. R. de Prusse (1).

(1) Le roi de Prusse a toujours signé *Fédéric* qui est plus doux à prononcer que *Frédéric*.

DE M. DE VOLTAIRE

A Paris, le 26 auguste 1736.

Monseigneur, il faudrait être insensible pour n'être pas infiniment touché de la lettre dont Votre Altesse Royale a daigné m'honorer. Mon amour-propre en a été trop flatté, mais l'amour du genre humain que j'ai toujours eu dans le cœur, et qui, j'ose dire, fait mon caractère, m'a donné un plaisir mille fois plus pur, quand j'ai vu qu'il y a dans le monde un prince qui pense en homme, un prince philosophe qui rendra les hommes heureux.

Souffrez que je vous dise qu'il n'y a point d'homme sur la terre qui ne doive des actions de grâces au soin que vous prenez de cultiver par la saine philosophie une âme née pour commander. Croyez qu'il n'y a eu de véritablement bons rois que ceux qui ont commencé comme vous par s'instruire, par connaître les hommes, par aimer le vrai, par détester la persécution et la superstition. Il n'y a point de prince qui, en pensant ainsi, ne puisse ramener l'âge d'or dans ses Etats. Pourquoi si peu de rois recherchent-ils cet avantage? Vous le sentez, monseigneur, c'est que presque tous songent plus à la royauté qu'à l'humanité : vous faites précisément le contraire. Soyez sûr que si un jour le tumulte des affaires et la méchanceté des hommes n'altèrent point un si divin caractère, vous serez adoré de vos peuples et chéri du monde entier. Les philosophes dignes de ce nom voleront dans vos Etats; et, comme les artisans célèbres viennent en foule dans le pays où leur art est plus favorisé, les hommes qui pensent viendront entourer votre trône.

L'illustre reine Christine quitta son royaume pour aller chercher les arts ; régnez, monseigneur, et que les arts viennent vous chercher.

Puissiez-vous n'être jamais dégoûté des sciences par les querelles des savants ! Vous voyez, monseigneur, par les choses que vous daignez me mander, qu'ils sont hommes, pour la plupart, comme les courtisans mêmes. Ils sont quelquefois aussi avides, aussi intrigants, aussi faux, aussi cruels ; et toute la différence qui est entre les pestes de cour et les pestes de l'école, c'est que ces derniers sont plus ridicules.

Il est bien triste pour l'humanité que ceux qui se disent les déclarateurs des commandements célestes, les interprètes de la Divinité, en un mot les théologiens, soient quelquefois les plus dangereux de tous ; qu'il s'en trouve d'aussi pernicieux dans la société qu'obscurs dans leurs idées, et que leur âme soit gonflée de fiel et d'orgueil à proportion qu'elle est vide de vérités. Ils voudraient troubler la terre par un sophisme, et intéresser tous les rois à venger, par le fer et par le feu, l'honneur d'un argument *in ferio* ou *in barbará*.

Tout être pensant qui n'est pas de leur avis est un athée ; et tout roi qui ne les favorise pas sera damné. Vous savez, monseigneur, que le mieux qu'on puisse faire, c'est d'abandonner à eux-mêmes ces prétendus précepteurs et ces ennemis réels du genre humain. Leurs paroles, quand elles sont négligées, se perdent en l'air comme du vent ; mais si le poids de l'autorité s'en mêle, ce vent acquiert une force qui renverse quelquefois le trône.

Je vois, monseigneur, avec la joie d'un cœur rempli d'amour pour le bien public, la distance immense que vous mettez entre les hommes qui cherchent en paix la vérité, et ceux qui veulent faire la guerre pour des mots qu'ils n'entendent pas. Je vois que les Newton, les Leibnitz, les Bayle, les Locke, ces âmes si élevées, si éclairées et si douces, sont ceux qui nourrissent votre esprit, et que vous rejetez les autres aliments prétendus, que vous trouveriez empoisonnés ou sans substance.

Je ne saurais trop remercier Votre Altesse Royale de la bonté qu'elle a eue de m'envoyer le petit livre concernant M. Wolf. Je regarde ses idées métaphysiques comme des choses qui font honneur à l'esprit humain. Ce sont des éclairs au milieu d'une nuit profonde ; c'est tout ce qu'on peut espérer, je crois, de la métaphysique. Il n'y a pas d'apparence que les premiers principes des choses soient jamais bien connus. Les souris qui habitent quelques petits trous d'un bâtiment immense, ne savent ni si ce bâtiment est éternel, ni quel en est l'architecte, ni pourquoi cet architecte a bâti. Elles tâchent de conserver leur vie, de peupler leurs trous, et de fuir les animaux destructeurs qui les poursuivent. Nous sommes les souris ; et le divin Architecte qui a bâti cet univers n'a pas encore, que je sache, dit son secret à aucun de nous. Si quelqu'un peut prétendre à deviner juste, c'est M. Wolf. On peut le combattre, mais il faut l'estimer : sa philosophie est bien loin d'être pernicieuse ; y a-t-il rien de plus beau et de plus vrai que de dire, comme il fait, que les hommes doivent être justes, quand même ils auraient le malheur d'être athées ?

La protection qu'il semble que vous donnez, monseigneur, à ce savant homme, est une preuve de la justesse de votre esprit et de l'humanité de vos sentiments.

Vous avez la bonté, monseigneur, de me promettre de m'envoyer le *Traité de Dieu, de l'âme et du monde*. Quel présent, monseigneur, et quel commerce! L'héritier d'une monarchie daigne, du sein de son palais, envoyer des instructions à un solitaire! Daignez me faire ce présent, monseigneur; mon amour extrême pour le vrai est la seule chose qui m'en rende digne. La plupart des princes craignent d'entendre la vérité, et ce sera vous qui l'enseignerez.

A l'égard des vers dont vous me parlez, vous pensez sur cet art aussi sensément que sur tout le reste. Les vers qui n'apprennent pas aux hommes des vérités neuves et touchantes ne méritent guère d'être lus : vous sentez qu'il n'y aurait rien de plus méprisable que de passer sa vie à renfermer dans des rimes des lieux communs usés, qui ne méritent pas le nom de pensées. S'il y a quelque chose de plus vil, c'est de n'être que poète satirique et de n'écrire que pour décrier les autres. Ces poètes sont au Parnasse ce que sont dans les écoles ces docteurs qui ne savent que des mots, et qui cabalent contre ceux qui écrivent des choses.

Si *La Henriade* a pu ne pas déplaire à Votre Altesse Royale, j'en dois rendre grâce à cet amour du vrai, à cette horreur que mon poème inspire pour les factieux, pour les persécuteurs, pour les superstitieux, pour les tyrans et pour les rebelles. C'est l'ouvrage d'un honnête homme; il devait trouver grâce devant un prince philosophe.

Vous m'ordonnez de vous envoyer mes

ouvrages : je vous obéirai, monseigneur;
vous serez mon juge, et vous me tiendrez
lieu du public. Je vous soumettrai ce que
j'ai hasardé en philosophie ; vos lumières
seront ma récompense : c'est un prix que
peu de souverains peuvent donner. Je suis
sûr de votre secret, votre vertu doit égaler
vos connaissances.

Je regarderais comme un bonheur bien
précieux celui de venir faire ma cour à Votre Altesse Royale. On va à Rome pour voir
des églises, des tableaux, des ruines et des
bas-reliefs. Un prince tel que vous mérite
bien mieux un voyage ; c'est une rareté
plus merveilleuse. Mais l'amitié, qui me
retient dans la retraite où je suis ne me
permet pas d'en sortir. Vous pensez, sans
doute, comme Julien, ce grand homme si
calomnié, qui disait que les amis doivent
toujours être préférés aux rois.

Dans quelque coin du monde que j'a-
chève ma vie, soyez sûr, monseigneur, que
je ferai continuellement des vœux pour
vous, c'est-à-dire pour le bonheur de tout
un peuple. Mon cœur sera au rang de vos
sujets : votre gloire me sera toujours
chère. Je souhaiterai que vous ressembliez
toujours à vous-même, et que les autres
rois vous ressemblent. Je suis avec un
profond respect, de Votre Altesse Royale, le
très humble, etc.

DU PRINCE ROYAL

Ce 9 septembre 1736.

Monsieur, c'est une épreuve bien difficile
pour un écolier en philosophie, que de recevoir des louanges d'un homme de votre
mérite. L'amour-propre et la présomption,

ces cruels tyrans de l'âme qui l'empoison-
nent en la flattant, se croient autorisés par
un philosophe, et recevant des armes de
vos mains, voudraient usurper sur ma raison un empire que je leur ai toujours dis-
puté. Heureux si, en les convaincant et en
mettant la philosophie en pratique, je puis
répondre un jour à l'idée, peut-être trop
avantageuse, que vous avez de moi !

Vous faites, monsieur, dans votre lettre,
le portrait d'un prince accompli, auquel je
ne me reconnais point. C'est une leçon ha-
billée de la façon la plus ingénieuse et la
plus obligeante ; c'est enfin un tour artifi-
cieux pour faire parvenir la timide vérité
jusqu'aux oreilles d'un prince. Je me pro-
poserai ce portrait pour modèle, et je ferai
tous mes efforts pour me rendre le digne
disciple d'un maître qui sait si divinement
enseigner.

Je me sens déjà infiniment redevable à
vos ouvrages ; c'est une source où l'on peut
puiser les sentiments et les connaissances
dignes des plus grands hommes. Ma vanité
ne va pas jusqu'à m'arroger ce titre ; et ce
sera vous, monsieur, à qui j'en aurai l'obligation, si j'y parviens ;

Et d'un peu de vertu, si l'Europe me loue,
Je vous le dois, seigneur, il faut que je l'avoue.

Je ne puis m'empêcher d'admirer ce généreux caractère, cet amour du genre humain qui devrait vous mériter les suffrages
de tous les peuples : j'ose même avancer
qu'ils vous doivent autant et plus que les
Grecs à Solon et à Lycurgue, ces sages législateurs dont les lois firent fleurir leur
patrie, et furent le fondement d'une grandeur à laquelle la Grèce n'aurait jamais
aspiré ni osé prétendre sans eux. Les au-

teurs sont les législateurs du genre humain; leurs écrits se répandent dans toutes les parties du monde ; et étant connus de tout l'univers, ils manifestent des idées dont les autres sont empreints. Ainsi vos ouvrages publient vos sentiments. Le charme de votre éloquence est leur moindre beauté ; tout ce que la force des pensées et le feu de l'expression peuvent produire d'achevé quand ils sont réunis, s'y trouve. Ces véritables beautés charment vos lecteurs; elles les touchent : ainsi tout un monde respire bientôt cet amour du genre humain que votre heureuse impulsion a fait germer en lui. Vous formez de bons citoyens, des amis fidèles, et des sujets qui, abhorrant également la rébellion et la tyrannie, ne sont zélés que pour le bien public. Enfin, c'est à vous que l'on doit toutes les vertus qui font la sûreté et le charme de la vie. Que ne vous doit-on pas?

Si l'Europe entière ne reconnaît pas cette vérité, elle n'en est pas moins vraie. Enfin, si toute la nature humaine n'a pas pour vous la reconnaissance que vous méritez, soyez du moins certain de la mienne. Regardez désormais mes actions comme le fruit de vos leçons. Je les ai enfin reçues, mon cœur en a été ému, et je me suis fait une loi inviolable de les suivre toute ma vie.

Je vois, monsieur, avec admiration, que vos connaissances ne se bornent pas aux seules sciences : vous avez approfondi les replis les plus cachés du cœur humain, et c'est là que vous avez puisé le conseil salutaire que vous me donnez en m'avertissant de me défier de moi-même. Je voudrais pouvoir me le répéter sans cesse, et je vous en remercie infiniment, monsieur.

C'est un déplorable effet de la fragilité humaine que les hommes ne se ressemblent pas à eux-mêmes tous les jours : souvent leurs résolutions se détruisent avec la même promptitude qu'ils les ont prises. Les Espagnols disent très judicieusement: *Cet homme a été brave un tel jour.* Ne pourrait-on pas dire de même des grands hommes, qu'ils ne le sont pas toujours, ni en tout ?

Si je désire quelque chose avec ardeur, c'est d'avoir des gens savants et habiles autour de moi. Je ne crois pas que ce soient des soins perdus que ceux qu'on emploie à les attirer : c'est un hommage qui est dû à leur mérite, et c'est un aveu du besoin que l'on a d'être éclairé par leurs lumières.

Je ne puis revenir de mon étonnement, quand je pense qu'une nation cultivée par les beaux-arts, secondée par le génie et par l'émulation d'une autre nation voisine ; quand je pense, dis-je, que cette même nation, si polie et si éclairée, ne connaît point le trésor qu'elle renferme dans son sein. Quoi! ce même Voltaire, à qui nos mains érigent des autels et des statues, est négligé dans sa patrie, et vit en solitaire dans le fond de la Champagne ! C'est un paradoxe, c'est une énigme, c'est un effet bizarre du caprice des hommes. Non, monsieur, les querelles des savants ne me dégoûteront jamais du savoir ; je saurai toujours distinguer ceux qui avilissent les sciences, des sciences mêmes. Leurs disputes viennent ordinairement ou d'une ambition démesurée et d'une avidité insatiable de s'acquérir un nom, ou de l'envie qu'un mérite médiocre porte à l'éclat brillant d'un mérite supérieur qui l'offusque.

..... Je respecte trop les liens de l'amitié pour vouloir vous arracher des bras d'Emilie : il faudrait avoir le cœur dur et insensible pour exiger de vous un pareil sacrifice ; il faudrait n'avoir jamais connu la douceur d'être auprès des personnes que l'on aime, pour ne pas sentir la peine que vous causerait une telle séparation. Je n'exigerai de vous que de rendre mes hommages à ce prodige d'esprit et de connaissances. Que de pareilles femmes sont rares !

Soyez persuadé, monsieur, que je connais tout le prix de votre estime, mais que je me souviens en même temps d'une leçon que me donne *La Henriade* (ch. III) :

C'est un poids bien pesant qu'un nom trop tôt
[fameux.

Peu de personnes le soutiennent, tous sont accablés sous le faix.

Il n'est point de bonheur que je ne vous souhaite, et aucun dont vous ne soyez digne. Cirey sera désormais mon Delphes, et vos lettres, que je vous prie de me continuer, mes oracles. Je suis, monsieur, avec une estime singulière, votre très affectionné ami.　　　　　　　　　　FÉDÉRIC.

DE M. DE VOLTAIRE

Novembre, 1736.

Monseigneur, j'ai versé des larmes de joie en lisant la lettre du 9 septembre, dont Votre Altesse Royale a bien voulu m'honorer : j'y reconnais un prince qui, certainement, sera l'amour du genre humain. Je suis étonné de toute manière ; vous parlez comme Trajan, vous écrivez comme Pline et vous parlez français comme nos meilleurs écrivains. Quelle différence entre les hommes ! Louis XIV était un grand roi, je respecte sa mémoire ; mais il ne parlait pas aussi humainement que vous, monseigneur, et ne s'exprimait pas de même. J'ai vu de ses lettres : il ne savait pas l'orthographe de sa langue. Berlin sera sous vos auspices l'Athènes de l'Allemagne et pourra l'être de l'Europe. Je suis ici dans une ville où deux simples particuliers, M. Boerhaave d'un côté, et M. S'Gravesande de l'autre, attirent quatre ou cinq cents étrangers : un prince tel que vous en attirera bien davantage ; et je vous avoue que je me tiendrais bien malheureux, si je mourais avant d'avoir vu l'exemple des princes et la merveille de d'Allemagne.

Je ne veux point vous flatter, monseigneur, ce serait un crime ; ce serait jeter un souffle empoisonné sur une fleur ; j'en suis incapable : c'est mon cœur pénétré qui parle à Votre Altesse Royale.....

..... Si je ne m'intéressais pas au bonheur des hommes, je serais fâché de vous voir destiné à être roi. Je vous voudrais particulier ; je voudrais que mon âme pût approcher en liberté de la vôtre ; mais il faut que mon goût cède au bien public.

Souffrez, monseigneur, qu'en vous je respecte encore plus l'homme que le prince ; souffrez que, de toutes vos grandeurs, celle de votre âme ait mes premiers hommages; souffrez que je vous dise encore combien vous me donnez d'admiration et d'espérance.

Je suis, etc.

DE M. DE VOLTAIRE

Mars 1737.

Je ne comptais pas assurément sortir de Cirey il y a un mois. Madame du Châtelet, dont l'âme est faite sur le modèle de la vôtre et qui a sûrement avec vous une harmonie préétablie, devait me retenir dans sa Cour que je préfère, sans hésiter, à celle de tous les rois de la terre, et comme ami, et comme philosophe, et comme homme libre : car

Fuge suspicari
Cujus octavum trepidavit ætas
Claudere lustrum.

(HOR. L. II, od. IV.)

Un orage m'a arraché de cette retraite heureuse : la calomnie m'a été chercher jusque dans Cirey. Je ne suis persécuté que depuis que j'ai fait *La Henriade*. Croiriez-vous qu'on m'a reproché plus d'une fois d'avoir peint la Saint-Barthélemy avec des couleurs trop odieuses ? On m'a appelé athée, parce que je dis que les hommes ne sont point nés pour se détruire. Enfin, la tempête a redoublé, et je suis parti par les conseils de mes meilleurs amis. J'avais esquissé les principes assez faciles de la *Philosophie* de Newton : madame du Châtelet avait sa part à l'ouvrage : Minerve dictait, et j'écrivais. Je suis venu à Leyde travailler à rendre l'ouvrage moins indigne d'elle et de vous ; je suis venu à Amsterdam le faire imprimer et faire dessiner les planches. Cela durera tout l'hiver. Voilà mon histoire et mon occupation : les bontés de Votre Altesse Royale exigeaient cet aveu. J'étais d'abord en Hollande sous un autre nom pour éviter les visites, les nouvelles connaissances et la perte du temps ; mais les gazettes ayant débité des bruits injurieux semés par mes ennemis, j'ai pris sur-le-champ la résolution de les confondre, en les démentant et en me faisant connaître.....

..... Dans les lettres que je reçois de Votre Altesse Royale, parmi bien des traits de prince et de philosophe, je remarque celui où vous dites : *Cæsar est supra grammaticam*. Cela est très vrai : il sied très bien à un prince de n'être pas puriste ; mais il ne sied pas d'écrire et d'orthographier comme une femme. Un prince doit en tout avoir reçu la meilleure éducation : et de ce que Louis XIV ne savait rien, de ce qu'il ne savait pas même la langue de sa patrie, je conclus qu'il fut mal élevé. Il était né avec un esprit juste et sage ; mais on ne lui apprit qu'à danser et à jouer de la guitare, il ne lut jamais : et s'il avait lu, s'il avait su l'histoire, vous auriez moins de Français à Berlin. Votre royaume ne se serait pas enrichi, en 1686, des dépouilles du sien. Il aurait moins écouté le jésuite Letellier ; il aurait, etc., etc., etc.

Ou votre éducation a été digne de votre génie, monseigneur, ou vous avez tout suppléé. Il n'y a aucun prince à présent sur la terre qui pense comme vous. Je suis fâché que vous n'ayez point de rivaux. Je serai toute ma vie, etc., etc.

DE M. DE VOLTAIRE

Mars 1737.

Deliciæ humani generis, ce titre vous est plus cher que celui de *monseigneur,* d'al-

tesse royale et de *majesté*, et ne vous est pas moins dû.

Je dois d'abord rendre compte à Votre Altesse Royale de mes démarches ; car enfin je me suis fait votre sujet. Nous avons, nous autres catholiques, une espèce de sacrement que nous appelons la Confirmation ; nous y choisissons un saint pour être notre patron dans le ciel, notre espèce de dieu tutélaire : je voudrais bien savoir pourquoi il me serait permis de me choisir un petit dieu plutôt qu'un roi ? Vous êtes fait pour être mon roi, bien plus assurément que saint François d'Assise ou saint Dominique ne sont faits pour être mes saints. C'est donc à mon roi que j'écris ; et je vous apprends, *rex amate*, que je suis revenu dans votre petite province de Cirey, où habitent la philosophie, les grâces, la liberté, l'étude. Il n'y manque que le portrait de Votre Majesté. Vous ne nous le donnez point ; vous ne voulez point que nous ayons des images pour les adorer, comme dit la sainte Écriture.

J'ai vu enfin le Socrate dont Votre Altesse Royale m'a daigné faire présent : ce présent me fait relire tout ce que Platon dit de Socrate. Je suis toujours de mon premier avis :

La Grèce, je l'avoue, eut un brillant destin ;
Mais Frédéric est né : tout change ; je me flatte
Qu'Athènes quelque jour doit céder à Berlin ;
Et déjà Frédéric est plus grand que Socrate,

aussi dégagé des superstitions populaires, aussi modeste qu'il était vain. Vous n'allez point dans une église de luthériens vous faire déclarer le plus sage de tous les hommes : vous vous bornez à faire tout ce qu'il faut pour l'être. Vous n'allez point de maison en maison, comme Socrate, dire au maître qu'il est un sot, au précepteur qu'il est un âne, au petit garçon qu'il est un ignorant : vous vous contentez de penser tout cela de la plupart des animaux qu'on appelle hommes, et vous songez encore, malgré cela, à les rendre heureux.

J'apprends que Votre Altesse Royale vient de rendre justice à M. Wolf. Vous immortalisez votre nom : vous le rendez cher à tous les siècles en protégeant le philosophe éclairé contre le théologien absurde et intrigant. Continuez, grand prince, grand homme ; abattez le monstre de la superstition et du fanatisme, ce véritable ennemi de la divinité et de la raison. Soyez le roi des philosophes : les autres princes ne sont que les rois des hommes.

Je remercie tous les jours le ciel de ce que vous existez. Louis XIV, dont j'aurai l'honneur d'envoyer un jour à Votre Altesse Royale l'histoire manuscrite, a passé les dernières années de sa vie dans de misérables disputes au sujet d'une bulle ridicule pour laquelle il s'intéressait sans savoir pourquoi, et il est mort tiraillé par des prêtres qui s'anathématisaient les uns les autres avec le zèle le plus insensé et le plus furieux. Voilà à quoi les princes sont exposés : l'ignorance, mère de la superstition, les rend victimes de faux dévots. La science que vous possédez vous met hors de leurs atteintes.

J'ai lu avec une grande attention la *Métaphysique* de M. Wolf. Grand prince, me permettez-vous de dire ce que j'en pense ? Je crois que c'est vous qui avez daigné la traduire : j'ai vu des petites corrections de votre main. Emilie vient de la lire avec moi :

C'est de votre Athènes nouvelle
Que ce trésor nous est venu ;
Mais Versailles n'en a rien su,
Ce trésor n'est pas fait pour elle.

Cette Emilie, digne de Frédéric, joint ici son admiration et ses respects pour le seul prince qu'elle trouve digne de l'être ; mais elle en est d'autant plus fâchée de n'avoir point le portrait de Votre Altesse Royale. Il y a enfin quelque chose de prêt selon vos ordres. J'envoie celle-ci au maître de la poste de Trèves en droiture, sans passer par Paris ; de là elle ira à Vesel. Daignez ordonner si vous voulez que je me serve de cette voie.

Je suis, avec un profond respect, etc.

DU PRINCE ROYAL

De Remusberg, le 7 avril 1737.

Mon empire sera bien petit, monsieur, s'il n'est composé que de sujets de votre mérite. Faut-il des rois pour gouverner des philosophes ? des ignorants pour conduire des gens instruits ? en un mot des hommes pleins de leurs passions pour contenir les vices de ceux qui les suppriment, non par la crainte des châtiments, non par la puérile appréhension de l'enfer et des démons, mais par amour de la vertu ?

La raison est votre guide ; elle est votre souveraine ; et Henri le Grand, le saint qui vous protège. Une autre assistance vous serait superflue. Cependant si je me voyais, relativement au poste que j'occupe, en état de vous faire ressentir les effets des sentiments que j'ai pour vous, vous trouveriez en moi un saint qui ne se ferait jamais invoquer en vain : je commence par vous en

donner un petit échantillon. Il me paraît
que vous souhaitez d'avoir mon portrait,
vous le voulez, je l'ai commandé sur
l'heure.

Pour vous montrer à quel point les arts
sont en honneur chez nous, apprenez, monsieur, qu'il n'est aucune science que nous ne
tâchions d'ennoblir. Un de mes gentils-
hommes, nommé Knobelsdorf, qui ne borne
pas ses talents à savoir manier le pinceau,
a tiré ce portrait. Il sait qu'il travaille pour
vous et que vous êtes connaisseur : c'est
un aiguillon qui suffit pour l'animer à se
surpasser. Un de mes intimes amis, le baron de Kaiserling ou Césarion, vous rendra
mon effigie. Il sera à Cirey vers la fin du
mois prochain. Vous jugerez, en le voyant,
s'il ne mérite pas l'estime de tout honnête
homme. Je vous prie, monsieur, de vous
confier à lui. Il est chargé de vous presser
vivement au sujet de la *Pucelle*, de la *Philosophie de Newton*, de l'*Histoire de Louis XIV*,
et de tout ce qu'il pourra vous extorquer.

Comment répondre à vos vers, à moins
d'être né poète ? Je ne suis pas assez aveu-
glé sur moi-même pour imaginer que j'aie
le talent de la versification. Ecrire dans
une langue étrangère, y composer des vers,
et qui pis est, se voir désavoué d'Apollon,
c'en est trop.

Je rime pour rimer : mais est-ce être poète,
Que de savoir marquer le repos dans un vers :
Et se sentant pressé d'une ardeur indiscrète,
Aller psalmodier sur des sujets divers ?
Mais lorsque je te vois t'élever dans les airs,
Et d'un vol assuré prendre l'essor rapide,
Je crois, dans ce moment, que Voltaire me guide :
Mais non ; Icare tombe et périt dans les mers.

En vérité, nous autres poètes nous pro-
mettons beaucoup et tenons peu. Dans le

moment même que je fais amende honorable de tous les mauvais vers que je vous
ai adressés, je tombe dans la même faute.
Que Berlin devienne Athènes, j'en accepte
l'augure; pourvu qu'elle soit capable d'attirer M. de Voltaire, elle ne pourra manquer
de devenir une des villes les plus célèbres
de l'Europe.

Je me rends, monsieur, à vos raisons.
Vous justifiez vos vers à merveille. Les
Romains ont eu des bottes de foin en guise
d'étendards. Vous m'éclairez, vous m'instruisez ; vous savez me faire tirer profit de
mon ignorance même.

DE M. DE VOLTAIRE

1737.

..... Je ne crois pas qu'il y ait de dé-
-monstration, proprement dite, de l'existence
de cet Etre indépendant de la matière. Je
me souviens que je ne laissais pas, en Angleterre, d'embarrasser un peu le fameux
docteur Clarke, quand je lui disais : on ne
peut appeler démonstration, un enchaîne-
ment d'idées qui laisse toujours des difficultés. Dire que le carré construit sur le
grand côté d'un triangle est égal au carré
des deux côtés, c'est une démonstration
qui, toute compliquée qu'elle est, ne laisse
aucune difficulté. Mais l'existence d'un
Etre créateur laisse encore des difficultés
insurmontables à l'esprit humain. Donc
cette vérité ne peut être mise au rang des
démonstrations proprement dites. Je la
crois, cette vérité ; mais je la crois comme
ce qui est le plus vraisemblable ; c'est une
-lumière qui me frappe à travers mille ténè-
bres.

Il y aurait sur cela bien des choses à dire ; mais ce serait porter de l'or au Pérou que de fatiguer Votre Altesse Royale de réflexions philosophiques.

Toute la métaphysique, à mon gré, contient deux choses : la première, tout ce que les hommes de bon sens savent ; la seconde, ce qu'ils ne sauront jamais.

Nous savons, par exemple, ce que c'est qu'une idée simple, une idée composée : nous ne saurons jamais ce que c'est que cet être qui a des idées. Nous mesurons les corps ; nous ne saurons jamais ce que c'est que la matière. Nous ne pouvons juger de tout cela que par la voie de l'analogie : c'est un bâton que la nature a donné à nous autres aveugles, avec lequel nous ne laissons pas d'aller et aussi de tomber.

Cette analogie m'apprend que les bêtes étant faites comme moi, ayant du sentiment comme moi, des idées comme moi, pourraient bien être ce que je suis. Quand je veux aller au delà, je trouve un abîme ; et je m'arrête sur le bord du précipice.

Tout ce que je sais, c'est que, soit que la matière soit éternelle (ce qui est bien incompréhensible), soit qu'elle ait été créée dans le temps (ce qui est sujet à de grands embarras), soit que notre âme périsse avec nous, soit qu'elle jouisse de l'immortalité, on ne peut dans ces incertitudes prendre un parti plus sage, plus digne de vous, que celui que vous prenez de donner à votre âme, périssable ou non, toutes les vertus, tous les plaisirs, et toutes les instructions dont elle est capable, de vivre en prince, en homme et en sage, d'être heureux et de rendre les autres heureux.

Je vous regarde comme un présent que le ciel a fait à la terre. J'admire qu'à votre

âge le goût des plaisirs ne vous ait point
emporté ; et je **vous** félicite infiniment que
la philosophie vous laisse le goût des plaisirs. Nous ne sommes point nés uniquement pour lire Platon et Leibnitz, pour
mesurer des courbes, et pour arranger des
faits dans notre tête : nous sommes nés
avec un cœur qu'il faut remplir, avec des
passions qu'il faut satisfaire, sans en être
maîtrisés.

Que je suis charmé de votre morale,
monseigneur ! que mon cœur se sent né
pour être le sujet du vôtre ! J'éprouve trop
de satisfaction de penser en tout comme
vous.

Votre Altesse Royale me fait l'honneur de
me dire, dans sa dernière lettre, qu'elle
regarde le feu czar comme le plus grand
homme du dernier siècle ; et cette estime
que vous avez pour lui ne vous aveugle pas
sur ses cruautés. Il a été un grand prince,
un législateur, un fondateur ; mais si la
politique lui doit tant. quels reproches
l'humanité n'a-t-elle pas à lui faire ? On
admire en lui le roi ; mais on ne peut aimer
l'homme. Continuez. monseigneur, et vous
serez admiré et aimé du monde entier.

Un des plus grands biens que vous ferez
aux hommes, ce sera de fouler aux pieds la
superstition et le fanatisme ; de ne pas
permettre qu'un homme en robe persécute
d'autres hommes qui ne pensent pas comme
lui. Il est très certain que les philosophes
ne troubleront jamais les Etats. Pourquoi
donc troubler les philosophes ? Qu'impor-
tait à la Hollande que Bayle eût raison ?
Pourquoi faut-il que Jurieu, ce ministre
fanatique, ait eu le crédit de faire arracher
à Bayle sa petite fortune ? Les philosophes
ne demandent que la tranquillité ; ils ne

veulent que vivre en paix sous le gouvernement établi, et il n'y a pas un théologien
qui ne voulût être le maître de l'Etat. Est-il
possible que des hommes qui n'ont d'autre
science que le don de parler sans s'entendre et sans être entendus, aient dominé et
dominent encore presque partout ?

Les pays du nord ont cet avantage sur le
midi de l'Europe, que ces tyrans des âmes
y ont moins de puissance qu'ailleurs. Aussi
les princes du Nord sont-ils, pour la plupart, moins superstitieux et moins méchants
qu'ailleurs. Tel prince italien se servira du
poison et ira à confesse. L'Allemagne pro-
testante n'a ni de pareils sots, ni de pareils
monstres ; et, en général, je n'aurais pas de
peine à prouver que les rois les moins superstitieux ont toujours été les meilleurs
princes.

Vous voyez, digne héritier de l'esprit de
Marc-Aurèle, avec quelle liberté j'ose vous
parler. Vous êtes presque le seul sur la
terre qui méritiez qu'on vous parle ainsi.

DE M. DE VOLTAIRE

A Cirey, le 27 mai.

..... On attend avec impatience, dans le
petit paradis de Cirey, deux choses qui
seront bien rares en France : le portrait
d'un prince tel que vous, et M. de Kaiserling, que Votre Altesse Royale honore du
nom de son ami intime.

Louis XIV disait un jour à un homme
qui avait rendu de grands services au roi
d'Espagne, Charles II, et qui avait eu sa
familiarité : Le roi d'Espagne vous aimait
donc beaucoup ? Ah ! sire, répondit le pauvre courtisan, est-ce que vous autres rois
vous aimez quelque chose ?

Vous voulez donc, monseigneur, avoir toutes les vertus qu'on leur souhaite si inutilement, et dont on les a toujours loués si mal à propos ; ce n'est donc pas assez d'être supérieur aux hommes par l'esprit comme par le rang, vous l'êtes encore par le cœur. Vous, prince et ami ! Voilà deux grands titres réunis qu'on a cru jusqu'ici incompatibles.

Cependant, j'avais toujours osé penser que c'était aux princes à sentir l'amitié pure, car d'ordinaire les particuliers qui prétendent être amis sont rivaux. On a toujours quelque chose à se disputer ; de la gloire, des places, des femmes, et surtout des faveurs de vous autres maîtres de la terre, qu'on se dispute encore plus que celles des femmes, qui vous valent pourtant bien.

Mais il me semble qu'un prince, et surtout un prince tel que vous, n'a rien à disputer, n'a point de rival à craindre, et peut aimer sans embarras et tout à son aise. Heureux, monseigneur, qui peut avoir part aux bontés d'un cœur comme le vôtre ! M. de Kaiserling ne désire rien sans doute. Tout ce qui m'étonne, c'est qu'il voyage.

Cirey est aussi, monseigneur, un petit temple dédié à l'amitié. Madame du Châtelet qui, je vous assure, a toutes les vertus d'un grand homme, avec les grâces de son sexe, n'est pas indigne de sa visite, et elle le recevra comme l'ami du prince Frédéric.

Que Votre Altesse Royale soit bien persuadée, monseigneur, qu'il n'y aura jamais à Cirey d'autre portrait que le vôtre. Il y a ici une petite statue de l'Amour, au bas de laquelle nous avons mis : *Noto Deo* ; nous mettrons au bas de votre portrait : *Soli Principi.*

DU PRINCE ROYAL

A Naven, le 25 mai 1737.

Monsieur, je viens de munir mon cher Césarion de tout ce qu'il lui fallait pour faire le voyage de Cirey. Il vous rendra ce portrait que vous voulez avoir absolument. Il n'y a que la malheureuse matérialité de mon corps qui empêche mon esprit de l'accompagner.

Césarion a le malheur d'être né Courlandais (le baron de Kaiserling, son père, est maréchal de la Cour du duc de Courlande); mais il est le Plutarque de cette Béotie moderne. Je vous le recommande au possible. Confiez-vous entièrement à lui. Il a le rare avantage d'être homme d'esprit et discret en même temps. Je dirai, en le voyant partir :

Cher vaisseau qui portes Virgile
Sur le rivage Athénien, etc.

Si j'étais envieux, je le serais du voyage que Césarion va faire. La seule chose qui me console, est l'idée de le voir revenir comme ce chef des Argonautes, qui emporta les trésors de Colchos. Quelle joie pour moi, quand il me rendra la *Pucelle*, le *Règne de Louis XIV*, la *Philosophie de Newton* et les autres merveilles inconnues que vous n'avez pas voulu, jusqu'ici, communiquer au public ! Ne me privez pas de cette consolation. Vous qui désirez si ardemment le bonheur des humains, voudriez-vous ne pas contribuer au mien ! Une lecture agréable entre, selon moi, pour beaucoup dans l'idée du vrai bonheur.

Il est juste que vous assuriez de mes attentions Vénus-Newton. La science ne pou-

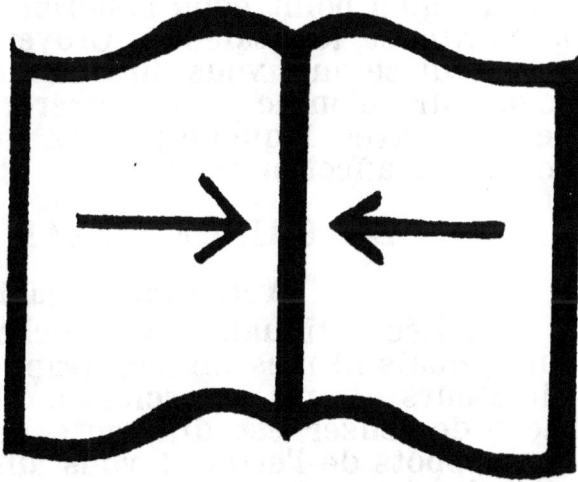

RELIURE SERREE
Absence de marges
intérieures

vait jamais se mieux loger que dans
corps d'une aimable personne. Quel phi
sophe pourrait résister à ses argumen
En se laissant guider par cette aima
philosophe, la raison nous guiderait-
toujours? Pour moi, je craindrais fort
flèches dorées du petit dieu de Cythère

Césarion vous rendra compte de l'esti
parfaite que j'ai pour vous : il vous
jusqu'à quel point nous honorons la ver
le mérite et les talents. Croyez, je v
prie, tout ce qu'il vous dira de ma part;
soyez sûr qu'on ne peut exagérer la con
dération avec laquelle je suis, monsie
votre très affectionné ami,   FÉDÉRI

DU PRINCE ROYAL

A Ruppin, le 6 juillet 1737.

..... Les antiquaires à capuchon ne
ront jamais ni mes historiographes, ni
directeurs de ma conscience. Que vo
façon de penser est différente de celle
ces suppôts de l'erreur! vous aimez la
rité, ils aiment la superstition ; vous p
tiquez les vertus, ils se contentent de
enseigner ; ils calomnient, et vous pard
nez. Si j'étais catholique, je ne choisir
ni saint François d'Assise, ni saint Bru
pour mes patrons. J'irais droit à Cirey,
je trouverais des vertus et des talents s
périeurs en tout genre à ceux de la ha
et du froc.

Ces rois sans amitié et sans retour, do
vous me parlez, me paraissent ressembl
à la bûche que Jupiter donna pour roi a
grenouilles. Je ne connais l'ingratitu
que par le mal qu'elle m'a fait. Je pe
même dire, sans affecter des sentimen
qui ne me sont pas naturels, que je reno

rais à toute grandeur si je la croyais in-
mpatible avec l'amitié. Vous avez bien
re part à la mienne. Votre naïveté,
te sincérité et cette noble confiance que
us me témoignez dans toutes les occa-
ns, méritent bien que je vous donne le
re d'ami.

e voudrais que vous fussiez le précep-
r des princes, que vous leur apprissiez
être hommes, à avoir des cœurs tendres,
e vous leur fissiez connaître le véritable
x des grandeurs, et le devoir qui les
ige à contribuer au bonheur des humains.
Mon pauvre Césarion a été arrêté tout
urt par la goutte. Il s'en est défait le
eux qu'il a pu, et s'est mis en chemin
ur Cirey. C'est à vous de juger s'il ne
érite pas toute l'amitié que j'ai pour lui.
En prenant congé de mon petit ami, je
ai dit : Songez que vous allez au para-
s terrestre, à un endroit mille fois plus
licieux que l'île de Calypso ; que la
esse de ces lieux ne le cède en rien à la
auté de l'enchanteresse de Télémaque,
e vous trouverez en elle tous les agré-
nts de l'esprit, si préférables à ceux du
rps ; que cette merveille occupe son loi-
par la recherche de la vérité. C'est là que
us verrez l'esprit humain dans son der-
r degré de perfection, la sagesse sans
stérité, entourée des tendres Amours et
s Ris. Vous y verrez d'un côté le sublime
ltaire et de l'autre l'aimable auteur du
ndain : celui qui sait s'élever au dessus
Newton, et qui, sans s'avilir, sait chan-
Phyllis. De quelle façon, mon cher Cé-
ion, pourra-t-on vous faire abandonner
séjour si plein de charmes ? Que les
ns d'une vieille amitié sont faibles con-
tant d'appas !

Je remets mes intérêts entre vos ma[...]
c'est à vous, monsieur, de me rendre [...]
ami. Il est peut-être l'unique mortel [...]
gne de devenir citoyen de Cirey; m[...]
souvenez-vous que c'est tout mon bien, [...]
que ce serait une injustice criante de [...]
le ravir.

J'espère que mon petit ambassadeur [...]
viendra chargé de la toison d'or, c'est [...]
dire de votre *Pucelle* et de tant d'au[...]
pièces à moitié promises, mais encore p[...]
impatiemment attendues. Vous savez [...]
j'ai un goût déterminé pour vos ouvrag[...]
il y aurait plus que de la cruauté à me [...]
refuser.

Il me semble que la dépravation du g[...]
n'est pas si générale en France que v[...]
le croyez. Les Français connaissent en[...]
un Apollon à Cirey, des Fontenelle, [...]
Crébillon, des Rollin pour la clarté e[...]
beauté du style historique ; des d'O[...]
pour les traductions ; des Bernard et [...]
Gresset, dont les muses naturelles et [...]
l'es peuvent très bien remplacer les Ch[...]
lieu et les La Fare.

Si Gresset pèche quelquefois co[...]
l'exactitude, il est excusable par le feu [...]
l'emporte ; plein de ses pensées, il nég[...]
les mots. Que la nature fait peu d'ouvra[...]
accompli ! et qu'on voit peu de Volta[...]
J'ai pensé oublier M. de Réaumur, qui [...]
qualité de physicien, est en grande r[...]
tation chez vous. Voilà ce qui me para[...]
quintescence de vos grands hommes. [...]
autres auteurs ne me semblent pas [...]
dignes d'attention. Les belles-lettres [...]
sont plus récompensées, comme elles [...]
taient du temps de Louis le Grand. [...]
prince, quoique peu instruit, se faisait [...]
affaire sérieuse de protéger ceux don[...]

tendait son immortalité. Il aimait la gloire, et c'est à cette noble passion que la France est redevable de son académie et des arts qui y fleurissent encore.....

Frédéric Iᵉʳ. roi de Prusse, prince d'un génie fort borné, bon, mais facile, a fait assez fleurir les arts sous son règne. Ce prince aimait la grandeur et la magnificence; il était libéral jusqu'à la profusion. Épris de toutes les louanges qu'on prodiguait à Louis XIV, il crut qu'en choisissant ce prince pour son modèle, il ne pourrait manquer d'être loué à son tour. Dans peu on vit la cour de Berlin devenir le singe de celle de Versailles : on imitait tout : cérémonial, harangues, pas mesurés, mots comptés, grands mousquetaires, etc. Souffrez que je vous épargne l'ennui d'un pareil détail.

La reine Charlotte, épouse de Frédéric, était une princesse qui, avec tous les dons de la nature, avait reçu une excellente éducation. Elle était fille du duc de Lunebourg, depuis électeur de Hanovre. Cette princesse avait connu particulièrement Leibnitz, à la cour de son père. Ce savant lui avait enseigné les principes de la philosophie, et surtout de la métaphysique. La reine considérait beaucoup Leibnitz ; elle était en commerce de lettres avec lui, ce qui lui fit faire de fréquents voyages à Berlin. Ce philosophe aimait naturellement toutes les sciences : aussi les possédait-il toutes. M. de Fontenelle, en parlant de lui, dit très spirituellement qu'en le décomposant, on trouverait assez de matière pour former beaucoup d'autres savants. L'attachement de Leibnitz pour les sciences ne lui faisait jamais perdre de vue le soin de les établir. Il conçut le des-

sein de former à Berlin une académie s
le modèle de celle de Paris, en y apporta
cependant quelques légers changements,
fit ouverture de son dessein à la reine, q
en fut charmée, et lui promit de l'assist
de tout son crédit.

On parla un peu de Louis XIV; les a
tronomes assurèrent qu'ils découvriraie
une infinité d'étoiles dont le roi serait i
dubitablement le parrain; les botanistes
les médecins lui consacreraient leurs t
lents, etc. Qui aurait pu résister à tant
genres de persuasion? Aussi en vit-on l
effets. En moins de rien, l'Observatoire f
élevé, le théâtre de l'anatomie ouvert;
l'académie toute formée eut Leibnitz po
son directeur. Tant que la reine vécut, l
cadémie se soutint assez bien; mais, apr
sa mort, il n'en fut pas de même. Le
son époux la suivit de près. D'autre tem
d'autres soins. A présent les arts dé
rissent; et je vois, les larmes aux yeux,
savoir fuir de chez nous; et l'ignoran
d'un air arrogant, et la barbarie des mœu
s'en approprier la place:

Du laurier d'Apollon, dans nos stériles cham
La feuille négligée est désormais flétrie:
Dieux! pourquoi mon pays n'est-il plus la pa
    Et de la gloire et des talents?

DU PRINCE ROYAL

31 mars 173.

Monsieur, je suis obligé de vous aver
que j'ai reçu deux jours de poste succes
vement les lettres de M. Thiriot ouvert
Je ne jurerais pas même que la derni
que vous m'avez écrite n'ait essuyé
même sort. J'ignore si c'est en France,

dans les Etats du roi mon père, qu'elles
ont été victimes d'une curiosité assez mal
placée. On peut savoir tout ce que contient
notre correspondance : vos lettres ne res-
pirent que la vertu et l'humanité, et les
miennes ne contiennent pour l'ordinaire
que des éclaircissements que je vous demande sur des sujets auxquels la plupart
du monde ne s'intéresse guère. Cependant,
malgré l'innocence des choses que contient
notre correspondance, vous savez assez ce
que c'est que les hommes, et qu'ils ne sont
que trop portés à mal interpréter ce qui
doit être exempt de tout blâme. Je vous prie-
rai donc de ne point adresser par M. Thiriot les lettres qui rouleront sur la philosophie ou sur des vers. Adressez-les plutôt
à M. Tronchin Dubreuil ; elles me parviendront plus tard, mais j'en serai récom-
pensé par leur sûreté. Quand vous m'écrirez des lettres où il n'y aura que des bagatelles, adressez-les à votre ordinaire par
M. Thiriot, afin que les curieux aient de
quoi se satisfaire.

Césarion me charme par tout ce qu'il me
dit de Cirey. Votre *Histoire du Siècle de
Louis XIV* m'enchante. Je voudrais seulement que vous n'eussiez point rangé Machiavel, qui était un malhonnête homme,
au rang des autres grands hommes de son
temps. Quiconque enseigne à manquer de
parole, à opprimer, à commettre des injustices, fût-il d'ailleurs l'homme le plus distingué par ses talents, ne doit jamais occuper une place due uniquement aux vertus
et aux talents louables. Cartouche ne mérite point de tenir un rang parmi les Boileau, les Colbert et les Luxembourg. Je
suis sûr que vous êtes de mon sentiment.
Vous êtes trop honnête homme pour vou-

loir mettre en honneur la réputation flétr
d'un coquin méprisable : aussi suis-je s
que vous n'avez envisagé Machiavel q
du côté du génie. Pardonnez-moi ma si
cérité ; je ne la prodiguerais pas si je
vous en croyais très digne.

Si les histoires de l'univers avaient é
écrites comme celle que vous m'avez co
fiée, nous serions plus instruits des mœu
de tous les siècles, et moins trompés p
les historiens. Plus je vous conna
plus je trouve que vous êtes un homm
unique. Jamais je n'ai lu de plus be
style que celui de l'*Histoire de Louis XIV.*
relis chaque paragraphe deux ou trois fo
tant j'en suis enchanté. Toutes les lig
portent coup ; tout est nourri de réflexio
excellentes ; aucune fausse pensée, rien
puéril, et avec cela une impartialité p
faite. Dès que j'aurai lu tout l'ouvrage,
vous enverrai quelques petites remarqu
entre autres sur les noms allemands
sont un peu maltraités : ce qui peut rép
dre de l'obscurité sur cet ouvrage, puisqu
y a des noms qui sont si défigurés qu
faut les deviner.

Je souhaiterais que votre plume
composé tous les ouvrages qui sont fa
et qui peuvent être de quelque instructi
ce serait le moyen de profiter et de ti
utilité de la lecture. Je m'impatiente q
quefois des inutilités, des pauvres
flexions, ou de la sécheresse qui règne d
certains livres ; c'est au lecteur à dig
de pareilles lectures. Vous épargnez c
peine à vos lecteurs. Qu'un homme ait
jugement ou non, il profite également
vos ouvrages. Il ne lui faut que de la
moire.

Il me faut de l'application et une cont

tion d'esprit pour étudier vos *Éléments de Newton*; ce qui se fera après Pâques, faisant une petite absence pour prendre

Ce que vous savez,
Avec beaucoup de bienséance.

Je vous exposerai mes doutes avec la dernière franchise, honteux de vous mettre toujours dans le cas des Israélites, qui ne pouvaient relever les murs de Jérusalem qu'en se défendant d'une main, tandis qu'ils travaillaient de l'autre.

Avouez que mon système est insupportable ; il me l'est quelquefois à moi-même. Je cherche un objet pour fixer mon esprit, et je n'en trouve encore aucun. Si vous en savez, je vous prie de m'en indiquer qui soit exempt de toute contradiction. S'il y a quelque chose dont je puisse me persuader, c'est qu'il y a un Dieu adorable dans le ciel, et un Voltaire presque aussi estimable, à Cirey.

J'envoie une petite bagatelle à madame la marquise, que vous lui ferez accepter. J'espère qu'elle voudra la placer dans ses entresols et qu'elle voudra s'en servir pour ses compositions.

Je n'ai pas pu laisser votre portrait entre les mains de Césarion. J'ai envié à mon ami d'avoir conversé avec vous, et de posséder encore votre portrait. C'en est trop, me suis-je dit ; il faut que nous partagions les faveurs du destin. Nous pensons tous de même sur votre sujet, et c'est à qui vous aimera et vous estimera le plus.

J'ai presque oublié de vous parler de vos pièces fugitives : *La Modération dans le bonheur*, *Le Cadenas*, *Le Temple de l'Amitié*, etc., tout cela m'a charmé. Vous accumulez la reconnaissance que je vous dois. Que la marquise n'oublie pas d'ouvrir l'encrier. Soyez persuadé que je ne regrette rien plus au monde que de ne pouvoir vous convaincre des sentiments avec lesquels je suis, monsieur, votre très fidèlement affectionné ami. FÉDÉRIC.

DU PRINCE ROYAL

A Loo en Hollande, le 6 auguste 1738.

Mon cher ami, je vous reconnais, je reconnais mon sang dans la belle épître *Sur l'Homme*, que je viens de recevoir, et dont je vous remercie mille fois. C'est ainsi que doit penser un grand homme ; et ces pensées sont aussi dignes de vous que la conquête de l'univers l'était d'Alexandre. Vous recherchez modestement la vérité, et vous la publiez avec hardiesse lorsqu'elle vous est connue. Non, il ne peut y avoir qu'un Dieu et qu'un Voltaire dans la nature. Il est impossible que cette nature, si féconde d'ailleurs, recopie son ouvrage pour reproduire votre semblable.

Il n'y a que de grandes vérités dans votre épître *Sur l'Homme*. Vous n'êtes jamais plus grand ni plus sublime que lorsque vous restez bien ce que vous êtes. Convenez, mon cher ami, que l'on ne saurait bien être que ce que l'on est : et vous avez tant de raisons d'être satisfait de votre façon de penser, que vous ne devriez jamais vous rabaisser en empruntant celle des autres.

Que les moines, obscurément encloîtrés, ensevelissent dans leur crasseuse bassesse leur misérable théologie ; que nos descendants ignorent à jamais les puériles sottises de la foi, du culte et des cérémonies des prêtres et des religieux. Les brillantes fleurs de la poésie sont prostituées lors-

qu'on les fait servir de parure et d'orne-
ment à l'erreur ; et le pinceau qui vient de
peindre les hommes, doit effacer la Loyo-
lade.

Je vous suis très obligé et redevable à
l'infini de la peine que vous vous donnez
de corriger mes fautes. J'ai une attention
extrême sur toutes celles que vous me
faites apercevoir, et j'espère de me rendre
de plus en plus digne de mon ami et de
mon maître dans l'art de penser et d'é-
crire.

Point de comparaison, je vous prie, de
vos ouvrages aux miens. Vous marchez
d'un pas ferme par des routes difficiles, et
moi je rampe par des sentiers battus. Dès
que je serai de retour chez moi, ce qui
pourra être à la fin de ce mois, Césarion
et Jordan voleront sur votre épître *Sur
l'Homme*, et je vous garantis d'avance de
leurs suffrages. Quant à *sapientissimus Wol-
fius*, je ne le connais en aucune manière,
ne lui ayant jamais parlé ni écrit ; et je
crois, comme vous, que la langue française
n'est pas son fort.

Votre imagination, mon cher ami, nous
rend conquérants à bon marché : aussi
soyez persuadé que nous en aurons toute
l'obligation à votre générosité. Je sais bien
que si de ma vie j'allais à Cirey, ce ne serait pas pour l'assiéger. Votre éloquence,
plus forte que les instruments destructeurs
de Jéricho, ferait tomber les armes de mes
mains. Je n'ai d'autres droits sur Cirey
que ceux que doit payer la reconnaissance
à une amitié désintéressée. Nouveau Jason,
j'enlèverais la toison d'or ; mais j'enlèverais
en même temps le dragon qui garde ce
trésor : gare madame la marquise.

Au moins, madame, vous ne tomberiez

pas entre les mains des corsaires. En généreux vainqueur, je partagerais avec
vous, ne vous en déplaise, ce M. de Voltaire que vous voulez posséder toute seule.

DE M. DE VOLTAIRE

Auguste 1738.

Je vois toujours, monseigneur, avec une
satisfaction qui approche de l'orgueil, que
les petites contradictions que j'essuie dans
ma patrie indignent le grand cœur de Votre
Altesse Royale. Elle ne doute pas que son
suffrage ne me récompense bien amplement
de toutes ces peines : elles sont communes
à tous ceux qui ont cultivé les sciences ;
et parmi les gens de lettres, ceux qui ont
le plus aimé la vérité ont toujours été les
plus persécutés.

La calomnie a voulu faire périr Descartes
et Bayle ; Racine et Boileau seraient morts
de chagrin s'ils n'avaient eu un protecteur
dans Louis XIV. Il nous reste encore des
vers qu'on a faits contre Virgile. Je suis
bien loin de pouvoir être comparé à ces
grands hommes ; mais je suis bien plus
heureux qu'eux ; je jouis de la paix ; j'ai
une fortune convenable à un particulier, et
plus grande qu'il ne la faut à un philosophe ; je vis dans une retraite délicieuse,
auprès de la femme la plus respectable,
dont la société me fournit toujours de nouvelles leçons. Enfin, monseigneur, vous
daignez m'aimer ; le plus vertueux, le plus
aimable prince de l'Europe daigne m'ouvrir son cœur, me confier ses ouvrages et
ses pensées et corriger les miennes. Que
me faut-il de plus ? La santé seule me manque ; mais il n'y a point de malade plus
heureux que moi.

Votre Altesse Royale veut-elle permettre que je lui envoie la moitié du cinquième acte de *Mérope*, que j'ai corrigé? et si la pièce, après une nouvelle lecture, lui paraît digne de l'impression, peut-être la hasarderai-je.

Madame la marquise du Châtelet vient de recevoir le plan de Remusberg, dessiné par cet homme aimable dont on se souviendra toujours à Cirey. Il est bien triste de ne voir tout cela qu'en peinture, etc. (*Le reste manque.*)

DU PRINCE ROYAL

Remusberg, 30 septembre 1738.

Thiriot doit être à présent à Cirey ; il n'y aura donc que moi qui n'y serai jamais! Ma curiosité est bien grande pour savoir ce que vous aurez répondu à madame de Brand ; tout ce que j'en sais, c'est qu'il y a des vers contenus dans votre réponse ; je vous prie de me les communiquer.

La marquise aura autant de plumes (1) qu'elle en cassera, je me fais fort de les lui fournir. J'ai déjà fait écrire en Prusse pour en avoir, et pour ajouter ce qui pourrait être omis à l'encrier. Assurez cette unique marquise de mes attentions et de mon estime.

Je suis à jamais, et plus que vous ne pouvez le croire, votre très fidèle ami, FÉDÉRIC.

(1) Il s'agit d'une plume d'ambre envoyée à madame du Châtelet, et qu'elle avait cassée.

DU PRINCE ROYAL

Remusberg, le 9 novembre 1738.

Mon cher ami, je viens de recevoir une lettre et des vers que personne n'est capable de faire que vous. Mais si j'ai l'avantage de recevoir des lettres et des vers d'une beauté préférable à tout ce qui a jamais paru, j'ai aussi l'embarras de ne savoir souvent comment y répondre. Vous m'envoyez de l'or de votre Potose, et je ne vous renvoie que du plomb. Après avoir lu les vers assez vifs et aimables que vous m'adressez, j'ai balancé plus d'une fois avant que de vous envoyer l'épître *Sur l'Humanité,* que vous recevrez avec cette lettre ; mais je me suis dit ensuite, il faut rendre nos hommages à Cirey, et il faut y chercher des instructions et de sages corrections. Ces motifs, à ce que j'espère, vous feront recevoir avec quelque support les mauvais vers que je vous envoie.

Thiriot vient de m'envoyer l'ouvrage de la marquise *Sur le Feu* : je puis dire que j'ai été étonné en lisant ; on ne dirait point qu'une pareille pièce pût être produite par une femme. De plus, le style est mâle, et tout à fait convenable au sujet. Vous êtes tous deux de ces gens admirables et uniques dans votre espèce, et qui augmentez chaque jour l'admiration de ceux qui vous connaissent. Je pense sur ce sujet des choses que votre seule modestie m'oblige de vous céler. Les païens ont fait des dieux qui assurément resteraient bien au dessous de vous deux. Vous auriez tenu la première place dans l'Olympe, si vous aviez vécu alors.

Rien ne marque plus la différence de nos mœurs de celles de ces temps reculés, que lorsqu'on compare la manière dont l'antiquité traitait les grands hommes, et celle dont les traite notre siècle.

La magnanimité, la grandeur d'âme, la fermeté, passent pour des vertus chimériques. On dit : Oh ! vous vous piquez de faire le Romain ; cela est hors de saison ; on est revenu de ces affectations dans le siècle d'à présent. Tant pis. Les Romains, qui se piquaient de vertus, étaient des grands hommes ; pourquoi ne point les imiter dans ce qu'ils ont eu de louable ?

La Grèce était si charmée d'avoir produit Homère, que plus de dix villes se disputaient l'honneur d'être sa patrie ; et l'Homère de la France, l'homme le plus respectable de toute la nation, est exposé aux traits de l'envie. Virgile, malgré les vers de quelques rimailleurs obscurs, jouissait paisiblement de la protection de Mécène et d'Auguste, comme Boileau, Racine et Corneille, de celle de Louis le Grand. Vous n'avez point ces avantages ; et je crois, à dire vrai, que votre réputation n'y perdra rien. Le suffrage d'un sage, d'une Émilie, doit être préférable à celui du trône, pour tout homme né avec un bon jugement.

Votre esprit n'est point esclave, et votre muse n'est point enchaînée à la gloire des grands. Vous en valez mieux, et c'est un témoignage irrévocable de votre sincérité ; car on sait trop que cette vertu fut de tout temps incompatible avec la basse flatterie qui règne dans les cours.

L'*Histoire de Louis XIV*, que je viens de relire, se ressent bien de votre séjour à Cirey ; c'est un ouvrage excellent, et dont l'univers n'a point encore d'exemple. Je vous demande instamment de m'en procurer la continuation ; mais je vous conseille, en ami, de ne point le livrer à l'impression. La postérité de tous ceux dont vous dites la vérité se liguerait contre vous. Les uns trouveraient que vous en avez trop dit, les autres, que vous n'avez pas assez exagéré les vertus de leurs ancêtres ; et les prêtres, cette race implacable, ne vous pardonneraient point les petits traits que vous leur lancez. J'ose même dire que cette histoire, écrite avec vérité et dans un esprit philosophique, ne doit point sortir de la sphère des philosophes, Non, elle n'est point faite pour des gens qui ne savent point penser.

Vos deux lettres ont produit un effet bien différent sur ceux à qui je les ai rendues. Césarion, qui avait la goutte, l'en a perdu de joie, et Jordan, qui se portait bien, pensa en prendre l'apoplexie : tant une même cause peut produire des effets différents. C'est à eux à vous marquer tout ce que vous leur inspirez ; ils s'en acquitteront aussi bien et mieux que je ne pourrais le faire.

Il ne nous manque à Remusberg qu'un Voltaire, pour être parfaitement heureux ; indépendamment de votre absence, votre personne est, pour ainsi dire, innée dans nos âmes. Vous êtes toujours avec nous. Votre portrait préside dans ma bibliothèque ; il pend au dessus de l'armoire qui conserve notre Toison d'or ; il est immédiatement placé au-dessus de vos ouvrages, et vis-à-vis de l'endroit où je me tiens, de façon que je l'ai toujours présent à mes yeux. J'ai pensé dire que ce portrait était comme la statue de Memnon, qui donnait un son harmonieux lorsqu'elle était frappée des rayons du soleil ; que votre portrait animait de même l'esprit de ceux qui l regardent ; pour moi, il me semble toujours qu'il paraît me dire : (1)

O vous donc qui brûlant d'une ardeur périlleuse, etc.

Souvenez-vous toujours, je vous prie, de la petite colonie de Remusberg, et souvenez-vous-en pour lui adresser vos lettres pastorales. Ce sont des consolations qui deviennent nécessaires dans votre absence : vous les devez à vos amis. J'espère bien que vous me compterez à leur tête. On ne saurait du moins être plus ardemment que je suis et que je serai toujours, votre très affectionné et fidèle ami,   FÉDÉRIC.

DE M. DE VOLTAIRE

Octobre 1738.

Monseigneur, que votre Altesse Royale pardonne à ce pauvre malade enrichi de vos bienfaits, s'il tarde trop à vous payer ses tributs de reconnaissance.

Ce que vous avez composé sur l'humanité vous assure, sans doute, le suffrage et l'estime de Madame du Châtelet, et vous me forceriez à l'admiration, si vous ne m'y aviez pas déjà tout disposé. Non seulement Circy remercie votre Altesse Royale, mais il n'y a personne sur la terre qui ne doive vous être obligé. Ne connût-on de cet ouvrage que le titre, c'en est assez pour vous rendre maître des cœurs. Un prince qui pense aux hommes, qui fait son bonheur de leur félicité ! on demandera dans quel roman cela se trouve, et si ce prince s'appelle Alcimédon ou Almanzor, s'il est fils d'une fée et de quelque génie. Non, messieurs, c'est un être réel ; c'est lui que le ciel donne

(1) Boileau, *Art poétique*, ch. Ier.

à la terre sous le nom de Frédéric ; il habite d'ordinaire la solitude de Remusberg ; mais son nom, ses vertus, son esprit, ses talens sont déjà connus dans tout le monde ; si vous saviez tout ce qu'il a écrit sur l'humanité, le genre humain députerait vers lui pour le remercier ; mais ces détails heureux sont réservés à Cirey, et ces faveurs sont tenues secrètes. Les gens qui se mêlaient autrefois de consulter les demi-dieux, se vantaient d'en recevoir des oracles : nous en recevons, mais nous ne nous en vantons pas.

Il y a, monseigneur, une secrète sympathie qui assujettit mon âme à Votre Altesse Royale ; c'est quelque chose de plus fort que l'harmonie préétablie. Je roulais dans ma tête une épître sur l'humanité, quand je reçus celle de Votre Altesse Royale. Voilà ma tâche faite. Il y a eu, à ce que conte l'antiquité, des gens qui avaient un génie qui les aidait dans leurs grandes entreprises. Mon génie est à Remusberg. Eh ! à qui appartenait-il de parler de l'humanité, qu'à vous, grand prince, à votre âme généreuse et tendre : à vous, monseigneur, qui avez daigné consulter des médecins pour la maladie d'un de vos serviteurs qui demeure à près de trois cents lieues de vous ? Ah ! monseigneur, malgré ces trois cents lieues, je sens mon cœur lié à Votre Altesse Royale de bien près.

Je me flatte, même avec assez d'apparence, que cet intervalle disparaîtra bientôt. Monseigneur l'électeur Palatin mourra s'il veut, mais les confins de Clèves et de Juliers verront au printemps prochain madame la marquise du Châtelet. Nous arrangerons tout pour nous trouver près de vos États. Je sais bien qu'en fait d'affaires, il ne

faut jamais répondre de rien ; mais l'espérance de faire notre cour à Votre Altesse
royale, de voir de près ce que nous admi-
rons, ce que nous aimons de loin, aplanira
bien des difficultés. N'est-il pas vrai, monseigneur, que Votre Altesse Royale donnera
des saufs-conduits à madame du Châtelet ?
mais qui voudrait l'arrêter, quand on saura
qu'elle sera là pour voir Votre Altesse
Royale ; et qui m'osera faire du mal à moi,
quand j'aurai l'*Epître de l'Humanité* à la
main ?

Que je suis enchanté que Votre Altesse
Royale ait été contente de cet *Essai sur le
feu* que madame du Châtelet s'amusa de
composer, et qui, en vérité, est plutôt
un chef-d'œuvre qu'un essai ! Sans les
maudits tourbillons de Descartes, qui tour-
nent encore dans les vieilles têtes de l'académie, il est bien sûr que madame du Châtelet aurait eu le prix, et cette justice eût
fait l'honneur de son sexe et de ses juges :
mais les préjugés dominent partout. En
vain Newton a montré aux yeux les secrets
de la lumière ; il y a de vieux romanciers
physiciens qui sont pour les chimères de
Malebranche. L'académie rougira un jour
de s'être rendue si tard à la vérité ; et il
demeurera constant qu'une jeune dame
osait embrasser la bonne philosophie, quand
la plupart de ses juges l'étudiaient faible-
ment pour la combattre opiniâtrément.

M. de Maupertuis, homme qui ose aimer
et dire la vérité, quoique persécuté, a
mandé hardiment, mais secrètement, que
les discours français couronnés étaient
pitoyables. Son suffrage, joint à celui de
Remusberg, sont le plus beau prix qu'on
puisse jamais recevoir.

Madame du Châtelet sera très flattée que

Votre Altesse Royale fasse lire à M. Jordan ce qui a plu à Votre Altesse Royale. Elle estime avec raison un homme que vous estimez. Je suis, etc.

DU PRINCE ROYAL

A Remusberg, le 15 avril 1739.

J'ai été sensiblement attendri du récit touchant que vous me faites de votre déplorable situation. Un ami à la distance de quelques centaines de lieues paraît un homme assez inutile dans le monde, mais je prétends faire un petit essai en votre faveur, dont j'espère que vous retirerez quelque utilité. Ah! mon cher Voltaire, que ne puis-je vous offrir un asile, où assurément vous n'auriez rien à souffrir de semblable aux chagrins que vous donne votre ingrate patrie! Vous ne trouveriez chez moi ni envieux, ni calomniateurs, ni ingrats; on saurait rendre justice à vos mérites, et distinguer parmi les hommes ce que la nature a si fort distingué parmi ses ouvrages.

Je voudrais pouvoir soulager l'amertume de votre condition; et je vous assure que je pense aux moyens de vous servir efficacement. Consolez-vous toujours de votre mieux, mon cher ami, et pensez que, pour établir une égalité de conditions parmi tous les hommes, il vous fallait des revers capables de balancer les avantages de votre génie, de vos talents, et de l'amitié de la marquise.

C'est dans des occasions semblables qu'il nous faut tirer de la philosophie des secours capables de modérer les premiers transports de la douleur, et de calmer les mouvements impétueux que le chagrin excite dans nos âmes. Je sais que ces conseils ne coûtent rien à donner, et que la pratique en est presque impossible ; je sais que la force de votre génie est suffisante pour s'opposer à vos calamités. Mais on ne laisse point que de tirer des consolations du courage que nous inspirent nos amis.

Vos adversaires sont d'ailleurs des gens si méprisables, qu'assurément vous ne devez pas craindre qu'ils puissent ternir votre réputation. Les dents de l'envie s'émousseront toutes les fois qu'elles voudront vous mordre. Il n'y a qu'à lire sans partialité les écrits et les calomnies qu'on sème sur votre sujet pour en connaître la malice et l'infamie. Soyez en repos, mon cher Voltaire, et attendez que vous puissiez goûter les fruits de mes soins.

J'espère que l'air de Flandre vous fera oublier vos peines, comme les eaux du Léthé en effaçaient le souvenir chez les ombres.

J'attends de vos nouvelles pour savoir quand il serait agréable à la marquise que je lui envoyasse une lettre pour le duc d'Aremberg. Mon vin de Hongrie et l'ambre languissent de partir : j'enverrai le tout à Bruxelles, lorsque je vous y saurai arrivé.

Ayez la bonté de m'adresser les lettres que vous m'écrirez de Cirey par le marchand Michelet ; c'est la voie la plus courte. Mais si vous m'écrivez de Bruxelles, que ce soit sous l'adresse du général Bork à Vesel. Vous vous étonnerez de ce que j'ai été si longtemps sans vous répondre ; mais vous débrouillerez facilement ce mystère, quand vous saurez qu'une absence de quinze jours m'a empêché de recevoir votre lettre qui m'attendait ici.

Je vous prie de ne jamais douter des sentiments d'amitié et d'estime avec lesquels je suis votre très fidèle ami, FÉDÉRIC.

DU PRINCE ROYAL

A Remusberg, le 26 juin 1739.

Mon cher ami, je souhaiterais beaucoup que votre étoile errante se fixât, car mon imagination déroutée ne sait plus de quel côté du Brabant elle doit vous chercher. Si cette étoile errante pouvait une fois diriger vos pas du côté de notre solitude, j'emploierais assurément tous les secrets de l'astronomie pour arrêter son cours : je me jetterais même dans l'astrologie; j'apprendrais le grimoire, et je ferais des invocations à tous les dieux et à tous les diables, pour qu'ils ne vous permissent jamais de quitter ces contrées. Mais, mon cher Voltaire, Ulysse, malgré les enchantements de Circé, ne pensait qu'à sortir de cette île, où toutes les caresses de la déesse magicienne n'avaient pas tant de pouvoir sur son cœur que le souvenir de sa chère Pénélope. Il me paraît que vous seriez dans le cas d'Ulysse, et que le puissant souvenir de la belle Emilie et l'attraction de son cœur auraient sur vous un empire plus fort que mes dieux et mes démons. Il est juste que les nouvelles amitiés le cèdent aux anciennes ; je le cède donc à la marquise, toutefois à condition qu'elle maintiendra mes droits de second contre tous ceux qui voudraient me les disputer.

J'ai cru que je pourrais aller assez vite dans ce que je m'étais proposé d'écrire contre Machiavel, mais j'ai trouvé que les jeunes gens ont la tête un peu trop chaude.

Pour savoir tout ce qu'on a écrit sur Machiavel, il m'a fallu lire une infinité de livres, et avant que d'avoir tout digéré, il me faudra encore quelque temps. Le voyage que nous allons faire en Prusse ne laissera pas que de causer encore quelque interruption à mes études, et retardera *la Henriade*, *Machiavel* et *Euryale*.

Je n'ai point encore de réponse d'Angleterre ; mais vous pouvez compter que c'est une chose résolue, et que *la Henriade* sera gravée. J'espère pouvoir vous donner des nouvelles de cet ouvrage et de l'avant-propos à mon retour de Prusse, qui pourra être vers le 15 d'auguste.

Un prince oisif est, selon moi, un animal peu utile à l'univers. Je veux du moins servir mon siècle en ce qui dépend de moi ; je veux contribuer à l'immortalité d'un ouvrage qui est utile à l'univers ; je veux multiplier un poème où l'auteur enseigne le devoir des grands et le devoir des peuples, une manière de régner peu connue des princes, et une façon de penser qui aurait ennobli les dieux d'Homère autant que leurs cruautés et leurs caprices les ont rendus méprisables.

Vous faites un portrait vrai, mais terrible, des guerres de religion, de la méchanceté des prêtres, et des suites funestes du faux zèle. Ce sont des leçons qu'on ne saurait assez répéter aux hommes que leurs folies passées devraient du moins rendre plus sages dans leur façon de se conduire à l'avenir.

Ce que je médite contre le Machiavélisme est proprement une suite de *la Henriade*. C'est sur les grands sentiments de Henri IV que je forge la foudre qui écrasera César Borgia.

Pour *Nisus et Euryale*, ils attendront que le temps et vos corrections aient fortifié ma verve.

J'envoie par le lieutenant Shilling le vin de Hongrie, sous l'adresse du duc d'Aremberg. Il est sûr que ce duc est le patriarche des bons vivants ; il peut être regardé comme père de la joie et des plaisirs. Silène l'a doué d'une physionomie qui ne dément point son caractère, et qui fait connaître en lui une volupté aimable et décrassée de tout ce que la débauche a d'obscénités.

J'espère que vous respirerez en Brabant un air plus libre qu'en France, et que la sécurité de ce séjour ne contribuera pas moins que les remèdes à la santé de votre corps. Je vous assure qu'il m'intéresse beaucoup, et qu'il ne se passe aucun jour que je ne fasse des vœux en votre faveur à la déesse de la santé.

J'espère que tous mes paquets vous seront parvenus. Mandez-m'en, s'il vous plaît, quelques petits mots. On dit que les Plaisirs se sont donné rendez-vous sur votre route :

> Que la Danse et la Comédie,
> Avec leur sœur la Mélodie.
> Toutes trois firent le dessein
> De vous escorter en chemin,
> Suivies de leur bande joyeuse :
> Et qu'en tous lieux leur troupe heureuse,
> Devant vos pas semant des fleurs,
> Vous a rendu tous les honneurs
> Qu'au sommet de la double croupe,
> Gouvernant sa divine troupe,
> Apollon reçoit des neuf Sœurs.

On dit aussi

> Que la Politesse et les Grâces
> Avec vous quittèrent Paris ;

Que l'Ennui froid a pris les places
De ces déesses et des Ris ;
Qu'en cette région trompeuse,
La Politique frauduleuse
Tient le poste de l'Equité ;
Que la timide Honnêteté,
Redoutant le pouvoir inique
D'un prélat fourbe et despotique,
Ennemi de la liberté,
S'enfuit avec la Vérité.

Voilà une gazette poétique de la façon qu'on les fait à Remusberg. Si vous êtes friand de nouvelles, je vous en promets en prose ou en vers, comme vous les voudrez, à mon retour.

Mille assurances d'estime à la divine Emilie, ma rivale dans votre cœur. J'espère que vous tiendrez les engagements de docilité que vous avez pris avec Superville. Césarion vous dit tout ce qu'un cœur comme le sien pense, lorsqu'il a été assez heureux pour connaître le vôtre ; et moi, je suis plus que jamais votre très fidèle ami, FÉDÉRIC.

DE M. DE VOLTAIRE

A Bruxelles, 1er septembre 1739.

Ce nectar jaune de Hongrie
Enfin dans Bruxelle est venu ;
Le duc d'Aremberg l'a reçu
Dans la nombreuse compagnie
Des vins dont sa cave est fournie ;
Et quand Voltaire en aura bu
Quelques coups avec Emilie,
Son misérable individu,
Dans son estomac morfondu
Sentira renaître la vie :
La faculté, la pharmacie,
N'auront jamais tant de vertu.
Adieu, monsieur de Superville :
Mon ordonnance est du bon vin,

Frédéric est mon médecin;
Et vous m'êtes fort inutile.
Adieu ; je ne suis plus tenté
De vos drogues d'apothicaire,
Et tout ce qui me reste à faire,
C'est de boire à votre santé.

Monseigneur, c'est M. Shilling qui m'apprit, il y a quelques jours, la nouvelle du débarquement de ce bon vin, dans la cave du patron de cette liqueur ; et M. le duc d'Aremberg nous donnera ce divin tonneau à son retour d'Enghien ; mais la lettre de Votre Altesse Royale, datée du 26 juin, et rendue par ledit M. Shilling, vaut tout le canton de Tokai :

O prince aimable et plein de grâce,
Parlez : par quel art immortel,
Avec un goût si naturel,
Touchez-vous la lyre d'Horace.
De ces mains dont la sage audace
Va confondre Machiavel ?
Le ciel vous fit expressément
Pour nous instruire et pour nous plaire.
O monarques que l'on révère,
Grands rois, tâchez d'en faire autant;
Mais, hélas! vous n'y pensez guère.

Et avec toutes ces grâces légères dont Votre charmante lettre est pleine, voilà M. Shilling qui jure encore que le régiment de Votre Altesse Royale est le plus beau régiment de Prusse, et par conséquent le plus beau régiment du monde ; car *omne tulit punctum* est votre devise.

Votre Altesse royale va visiter ses peuples septentrionaux, mais elle échauffera tous ces climats-là ; et je suis sûr que quand j'y viendrai (car j'irai sans doute, je ne mourrai point sans lui avoir fait ma cour), je trouverai qu'il fait plus chaud à Remusberg qu'à Frescati ; les philosophes auront beau prétendre que la terre s'est approchée du soleil, ils feront de vains systèmes, et je saurai la vérité du fait.

Votre Altesse Royale me dit qu'il lui a fallu lire bien des livres pour son *Anti-Machiavel* ; tant mieux, car elle ne lit qu'avec fruit ; ce sont des métaux qui deviendront or dans votre creuset ; il y a des discours politiques de Gordon, à la tête de sa traduction de *Tacite*, qui sont bien dignes d'être vus par un lecteur tel que mon prince ; mais d'ailleurs quel besoin Hercule a-t-il de secours pour étouffer Antée ou pour écraser Cacus ?

Je vais vite travailler à achever le petit tribut que j'ai promis à mon unique maître ; il aura, dans quinze jours, le second acte de *Mahomet* ; le premier doit lui être parvenu par la même voie des sieurs Gérard et compagnie.

On a achevé une nouvelle édition de mes ouvrages en Hollande ; mais Votre Altesse Royale en a beaucoup plus que les libraires n'en ont imprimé. Je ne reconnais plus d'autre *Henriade* que celle qui est honorée de votre nom et de vos bontés ; ce n'est pas moi sûrement qui ai fait les autres *Henriades*. Je quitte mon prince pour travailler à *Mahomet*, et je suis, etc.

DU ROI DE PRUSSE

A Charlottembourg, le 6 juin 1740.

Mon cher ami, mon sort est changé, et j'ai assisté aux derniers moments d'un roi, à son agonie, à sa mort. En parvenant à la royauté, je n'avais pas besoin assurément de cette leçon pour être dégoûté de la vanité des grandeurs humaines.

J'avais projeté un petit ouvrage de mé

taphysique ; il s'est changé en un ouvrage
de politique. Je croyais joûter avec l'aimable Voltaire, et il me faut escrimer avec
Machiavel. Enfin, mon cher Voltaire, nous
ne sommes point maîtres de notre sort. Le
tourbillon des événements nous entraîne,
et il faut se laisser entraîner. Ne voyez en
moi, je vous prie, qu'un citoyen zélé, un
philosophe un peu sceptique, mais un ami
véritablement fidèle. Pour dieu, ne m'écrivez qu'en homme, et méprisez avec moi les
titres, les noms, et tout l'éclat extérieur.

Jusqu'à présent il me reste à peine le
temps de me reconnaître ; j'ai des occupations infinies : je m'en donne encore de surplus ; mais malgré tout ce travail, il me
reste toujours du temps assez pour admirer
vos ouvrages et pour puiser chez vous des
instructions et des délassements.

Assurez la marquise de mon estime. Je
l'admire autant que ses vastes connaissances et la rare capacité de son esprit le
méritent.

Adieu, mon cher Voltaire ; si je vis,
vous verrai, et même dès cette année. Aimez-moi toujours, et soyez toujours sincère
ami avec votre ami FÉDÉRIC.

DE M. DE VOLTAIRE

18 juin 1740.

Sire, si votre sort est changé, votre belle
âme ne l'est pas ; mais la mienne l'est. J'é-
tais un peu misanthrope, et les injustices
des hommes m'affligeaient trop. Je me livre
à présent à la joie avec tout le monde.
Grâce au ciel, Votre Majesté a déjà rempli
presque toutes mes prédictions. Vous êtes
déjà aimé, et dans vos Etats et dans l'E-

pe. Un résident de l'empereur disait dans
dernière guerre au cardinal de Fleury :
onseigneur, les Français sont bien aima-
les, mais ils sont tous Turcs. L'envoyé de
otre Majesté peut dire à présent, les Fran-
ais sont tous Prussiens.

Le marquis d'Argenson, conseiller d'Etat
u roi de France, ami de M. de Valori, et
omme d'un vrai mérite, avec qui je me
uis entretenu souvent à Paris de Votre
ajesté, m'écrit du 13 que M. de Valori
exprime avec lui dans ces propres mots :
Il commence son règne comme il y a apparence qu'il le continuera ; partout des
traits de bonté de cœur ; justice qu'il
rend au défunt ; tendresse pour ses sujets. » Je ne fais mention de cet extrait à
otre Majesté que parce que je suis sûr
ue cela a été écrit d'abondance de cœur
qu'il m'est revenu de même. Je ne con-
ais point M. de Valori, et Votre Majesté
it que je ne devais pas compter sur ses
onnes grâces ; cependant puisqu'il pense
omme moi et qu'il vous rend tant de jus-
ce, je suis bien aise de la lui rendre.

Le ministre qui gouverne le pays où je
uis me disait : Nous verrons s'il renverra
ut d'un coup les géants inutiles qui ont
it tant crier ; et moi je lui répondis : Il
e fera rien précipitamment. Il ne mon-
era point un dessein marqué de condam-
er les fautes qu'a pu faire son prédéces-
eur ; il se contentera de les réparer avec
temps. Daignez donc avouer, grand roi,
ue j'ai bien deviné.

Votre Majesté m'ordonne de songer, en
i écrivant, moins au roi qu'à l'homme.
est un ordre bien selon mon cœur. Je ne
ais comment m'y prendre avec un roi,
ais je suis bien à mon aise avec un

homme véritable, avec un homme qui
dans sa tête et dans son cœur l'amour du
genre humain.....

DU ROI

A Charlottembourg, le 12 juin 1740.

Non, ce n'est plus du mont Rémus,
Douce et studieuse retraite
D'où mes vers vous sont parvenus,
Que je date ces vers confus :
Car dans ce moment le poète
Et le prince sont confondus.
Désormais mon peuple que j'aime
Est l'unique Dieu que je sers :
Adieu les vers et les concerts,
Tous les plaisirs, Voltaire même ;
Mon devoir est mon Dieu suprème.
Qu'il entraine de soins divers !
Quel fardeau que le diadème !
Quand ce dieu sera satisfait,
Alors dans vos bras, cher Voltaire,
Je volerai, plus prompt qu'un trait,
Puiser, dans les leçons de mon ami sincère,
Quel doit être d'un roi le sacré caractère.

Vous voyez, mon cher ami, que le chan-
gement du sort ne m'a pas tout à fait gué
de la métromanie, et que peut-être je n'
guérirai jamais. J'estime trop l'art d'H
race et de Voltaire pour y renoncer ; et
suis du sentiment que chaque chose de
vie a son temps.

J'avais commencé une épître sur les ab
de la mode et de la coutume, lors mêm
que la coutume de la primogéniture m'
bligeait de monter sur le trône et de quit
ter mon épître pour quelque temps. J'au
rais volontiers changé mon épître en sa
tire contre cette même mode, si je ne s
vais que la satire doit être bannie de l
bouche des princes.

Enfin, mon cher Voltaire, je flotte entre vingt occupations, et je ne déplore que la brièveté des jours, qui me paraissent trop courts de vingt-quatre heures.

Je vous avoue que la vie d'un homme qui n'existe que pour réfléchir et pour lui-même, me semble infiniment préférable à la vie d'un homme dont l'unique occupation doit être de faire le bonheur des autres.

Vos vers sont charmants. Je n'en dirai rien, car ils sont trop flatteurs.

Mon cher Voltaire, ne vous refusez pas plus longtemps à l'empressement que j'ai de vous voir. Faites en ma faveur tout ce que vous croyez que votre humanité comporte. J'irai à la fin d'auguste à Vesel, et peut-être plus loin, Promettez-moi de me joindre, car je ne saurais vivre heureux ni mourir tranquille sans vous avoir embrassé. Adieu. FÉDÉRIC.

Mille compliments à la marquise. Je travaille des deux mains ; d'un côté à l'armée, de l'autre au peuple et aux beaux-arts.

DU ROI

A Charlottenbourg, le 27 juin 1740.

Mon cher Voltaire, vos lettres me font toujours un plaisir infini, non pas par les louanges que vous me donnez, mais par la prose instructive et les vers charmants qu'elles contiennent. Vous voulez que je vous parle de moi-même comme l'éternel abbé de Chaulieu, Qu'importe ? il faut vous contenter.

Voici donc la gazette de Berlin telle que vous me la demandez.

J'arrivai le vendredi au soir à Postdam,

où je trouvai le roi dans une si triste situation que j'augurai bientôt que sa fin
était prochaine. Il me témoigna mille amitiés ; il me parla plus d'une grande heure
sur les affaires, tant internes qu'étrangères, avec toute la justesse d'esprit et le
bon sens imaginables. Il me parla de même
le samedi, le dimanche et le lundi, parais-
sant très tranquille, très résigné, et soute-
nant ses souffrances avec beaucoup de fermeté. Il résigna la régence entre mes
mains le mardi matin à cinq heures, prit
tendrement congé de mes frères, de tous
les officiers de marque, et de moi. La reine,
mes frères et moi nous l'avons assisté dans
ses dernières heures : dans ses angoisses il a
témoigné le stoïcisme de Caton. Il est
expiré avec la curiosité d'un physicien sur
ce qui se passait en lui à l'instant même
de sa mort, et avec l'héroïsme d'un grand
homme, nous laissant à tous des regrets
sincères de sa perte, et sa mort courageuse
comme un exemple à suivre.

Le travail infini qui m'est échu en partage après sa mort, laisse à peine du temps
à ma juste douleur. J'ai cru que depuis la
perte de mon père, je me devais entièrement à la patrie. Dans cet esprit, j'ai tra-
vaillé autant qu'il a été en moi pour prendre les arrangemens les plus prompts et
les plus convenables au bien public.

J'ai d'abord commencé par augmenter les
forces de l'Etat de seize bataillons, de cinq
escadrons de houssards et d'un escadron
de gardes du corps. J'ai posé les fondements
de notre nouvelle académie. J'ai fait acqui-
sition de Wolf, de Maupertuis, d'Algarotti.
J'attends la réponse de S. Gravesande, de
Vaucanson et d'Euler. J'ai établi un nouveau collége pour le commerce et les manu-

factures ; j'engage des peintres et des
sculpteurs ; et je pars pour la Prusse,
pour y recevoir l'hommage, etc. sans la
sainte ampoule et sans les cérémonies inutiles et frivoles que l'ignorance et la superstition ont établies, et que la coutume
favorise.

Mon genre de vie est assez déréglé quant
à présent, car la Faculté a trouvé à propos
de m'ordonner, *ex officio*, de prendre les
eaux de Pyrmont. Je me lève à quatre
heures, je prends les eaux jusqu'à huit,
j'écris jusqu'à dix, je vois les troupes jusqu'à midi, j'écris jusqu'à cinq heures, et le
soir je me délasse en bonne compagnie.
Lorsque les voyages seront finis, mon genre
de vie sera plus tranquille et plus uni ; mais
jusqu'à présent j'ai le cours des affaires à
suivre, j'ai les nouveaux établissemens de
surplus, et avec cela beaucoup de compli-
mens inutiles à faire, d'ordres circulaires à
donner, etc......

DU ROI

A Olau, le 16 avril 1741.

Je connais les douceurs d'un studieux repos ;
Disciple d'Epicure, amant de la Mollesse,
   Entre ses bras, plein de faiblesse,
J'aurais pu sommeiller à l'ombre des pavots.

Mais un rayon de gloire animant ma jeunesse,
Me fit voir d'un coup d'œil les faits de cent héros;
   Et plein de cette noble ivresse,
Je voulus surpasser leurs plus fameux travaux.

Je goûte le plaisir, mais le devoir me guide.
Délivrer l'univers de monstres plus affreux
   Que ceux terrassés par Alcide,
C'est l'objet salutaire auquel tendent mes vœux.

Soutenir de mon bras les droits de ma patrie,

Et réprimer l'orgueil des plus fiers des humains,
    Tous fous de la vierge Marie,
Ce n'est point un ouvrage indigne de mes mains.

Le bonheur, cher ami, cet être imaginaire,
Ce fantôme éclatant qui fuit devant nos pas,
    Habite aussi peu cette sphère,
Qu'il établit son règne au sein de mes Etats.

Aux berceaux de Reinsberg, aux champs de Silésie,
Méprisant du bonheur le caprice fatal,
    Ami de la philosophie,
Tu me verras toujours aussi ferme qu'égal.

On dit les Autrichiens battus, et je crois
que c'est vrai. Vous voyez que la lyre
d'Horace a son tour après la massue
d'Alcide. Faire son devoir, être accessible
aux plaisirs, ferrailler avec ses ennemis,
être absent et ne point oublier ses amis:
tout cela sont des choses qui vont fort bien
de pair, pourvu qu'on sache assigner des
bornes à chacune d'elles. Doutez de toutes
les autres ; mais ne soyez pas pyrrhonien
sur l'estime que j'ai pour vous, et croyez
que je vous aime. Adieu. FÉDÉRIC.

DU ROI

A Selovitz, le 23 mars 1742.

Mon cher Voltaire, je crains de vous
écrire, car je n'ai d'autres nouvelles à vous
mander que d'une espèce dont vous ne vous
souciez guère, ou que vous abhorrez.

Si je vous disais, par exemple, que des
peuples de deux contrées de l'Allemagne
sont sortis du fond de leurs habitations
pour se couper la gorge avec d'autres peuples dont ils ignoraient jusqu'au nom
même, et qu'ils ont été chercher dans un
pays fort éloigné : pourquoi ? parce que
leur maître a fait un contrat avec un autre

prince, et qu'ils voulaient, joints ensemble, en égorger un troisième ; vous me répondriez que ces gens sont fous, sots et furieux de se prêter ainsi aux caprices et à la barbarie de leurs maîtres, Si je vous disais que nous nous préparons avec grand soin à détruire quelques murailles élevées à grands frais ; que nous faisons la moisson où nous n'avons point semé, et les maîtres où personne n'est assez fort pour nous résister ; vous vous écrieriez : Ah ! barbares ! ah ! brigands ! inhumains que vous êtes, les injustes n'hériteront point du royaume des cieux, selon saint Mathieu, chap. XII, vers. 24.

Puisque je prévois tout ce que vous me diriez sur ces matières, je ne vous en parlerai point. Je me contenterai de vous informer qu'une tête assez folle, dont vous aurez entendu parler sous le nom de *roi de Prusse*, apprenant que les Etats de son allié l'empereur étaient ruinés par la reine d'Hongrie, a volé à son secours, qu'il a joint ses troupes à celles du roi de Pologne, pour opérer une diversion en Basse-Autriche, et qu'il y a si bien réussi, qu'il s'attend dans peu à combattre les principales forces de la reine de Hongrie, pour le service de son allié.

Voilà de la générosité, direz-vous, voilà de l'héroïsme ; cependant, cher Voltaire, le premier tableau et celui-ci sont les mêmes. C'est la même femme qu'on fait voir d'abord en cornette de nuit, et ensuite avec son fard et ses pompons.

De combien de différentes façons n'envisage-t-on pas les objets ? combien les jugements ne varient-ils point ? Les hommes condamnent le soir ce qu'ils ont approuvé le matin. Ce même soleil qui leur plaisait

à son aurore, les fatigue à son couchant
De là viennent ces réputations établies
effacées, et rétablies pourtant ; et nous
sommes assez insensés de nous agiter pen
dant toute notre vie pour acquérir de la
réputation ! Est-il possible qu'on ne soit
pas détrompé de cette fausse monnaie de
puis le temps qu'elle est connue ?

Je ne vous écris point de vers, parce que
je n'ai pas le temps de toiser des syllabes.
Souffrez que je vous fasse souvenir de
l'*Histoire de Louis XIV*, je vous menace de
l'excommunication du Parnasse si vous n'a
chevez pas cet ouvrage.

Adieu, cher Voltaire, aimez un peu, je
vous prie, ce transfuge d'Apollon, qui s'es
enrôlé chez Bellone. Peut-être reviendra
t-il un jour servir sous ses vieux drapeau
Je suis toujours votre admirateur et am
FÉDÉRIC.

DU ROI

A Triban, le 12 avril 1742.

..... Vous pensez peut-être que je n
point assez d'inquiétudes ici, et qu'il fall
encore m'alarmer sur votre santé. Ve
devriez prendre plus de soin de votre co
servation : souvenez-vous, je vous p
combien elle m'intéresse, et combien v
devez être attaché à ce monde-ci dont v
faites les délices.

Vous pouvez compter que la vie que
mène n'a rien changé de mon caractère
de ma façon de penser. J'aime Remusb
et les jours tranquilles ; mais il faut
plier à son état dans le monde, et se f
un plaisir de son devoir.

D'abord que la paix sera faite,
Je retrouve dans ma retraite
Les Ris, les Plaisirs et les Arts,
Nos belles aux touchants regards,
Maupertuis avec ses lunettes,
Algarotti le laboureur;
Nos savants avec leurs lecteurs :
Mais que me serviront ces fêtes,
Cher Voltaire, si vous n'en êtes ?

Voilà tout ce que j'ai le temps de vous
dire sur le point de poursuivre ma marche.
Adieu, cher Voltaire; n'oubliez pas un pauvre Ixion qui travaille comme un misérable
à la grande roue des événements, et qui
ne vous admire pas moins qu'il vous aime.
FÉDÉRIC.

DE M. DE VOLTAIRE

Avril 1742.

Sire, pendant que j'étais malade, Votre
Majesté a fait de plus belles actions que je
n'ai eu d'accès de fièvre. Je ne pouvais répondre aux dernières bontés de Votre Majesté. Où aurais-je d'ailleurs adressé ma
lettre ? à Vienne ? à Presbourg ? à Temes-
var ? vous pouviez être dans quelqu'une de
ces villes ; et même, s'il est un être qui
puisse se trouver en plusieurs lieux à la
fois, c'est assurément votre personne, en
qualité d'image de la Divinité, ainsi que le
sont tous les princes, et d'image très pen-
sante et très agissante. Enfin, sire, je n'ai
point écrit parce que j'étais dans mon lit
quand Votre Majesté courait à cheval au
milieu des neiges et des succès.

D'Esculape les favoris
Semblaient même me faire accroire
Que j'irais dans le seul pays

Où n'arrive point votre gloire ;
Dans ce pays dont par malheur
On ne voit point de voyageur
Venir nous dire des nouvelles ;
Dans ce pays où tous les jours
Les âmes lourdes et cruelles,
Et des Hongrois et des Pandours,
Vont au diable au son des tambours,
Par votre ordre et pour vos querelles ;
Dans ce pays dont tout chrétien,
Tout juif, tout musulman raisonne ;
Dont on parle en chaire, en Sorbonne,
Sans jamais en deviner rien ;
Ainsi que le Parisien,
Badaud, crédule et satirique,
Fait des romans de politique,
Parle tantôt mal, tantôt bien,
De Belle-Isle et de vous peut-être,
Et dans son léger entretien
Vous juge à fond sans vous connaitre.

Je n'ai mis qu'un pied sur le bord du Styx ; mais je suis très fâché, sire, du nombre des pauvres malheureux que j'ai vu passer. Les uns arrivaient de Scharding, les autres de Prague ou d'Iglau. Ne cesserez-vous point, vous et les rois vos confrères, de ravager cette terre que vous avez, dites-vous, tant l'envie de rendre heureuse ?

Au lieu de cette horrible guerre
Dont chacun sent les contre-coups,
Que ne vous en rapportez-vous
À ce bon abbé de Saint-Pierre ?

DE M. DE VOLTAIRE

Juin 1742.

Sire, me voilà dans Paris ;
C'est, je crois, votre capitale :
Tous les sots, tous les beaux esprits,
Gens à rabat, gens à sandale,

Petits-maîtres, pédants aigris,
Parlent de vous sans intervalle.
Sitôt que je suis aperçu,
On court, on m'arrête au passage :
Eh bien ! dit-on, l'avez-vous vu,
Ce roi si brillant et si sage ?
Est-il vrai qu'avec sa vertu
Il est pourtant grand politique ?
Fait-il des vers, de la musique,
Le jour même qu'il s'est battu ?
Comment, à lui-même rendu,
Le trouvez-vous sans diadème,
Homme simple redevenu ?
Est-il bien vrai qu'alors on l'aime
D'autant plus qu'il est mieux connu,
Et qu'on le trouve dans lui-même ?
On dit qu'il suit de près les pas
Et de Gustave et de Turenne
Dans les champs et dans les combats,
Et que le soir, dans un repas,
C'est Catulle, Horace et Mécène.
A mes côtés un raisonneur,
Endoctriné par la gazette,
Me dit d'un ton rempli d'humeur :
Avec l'Autriche, on dit qu'il traite.
Non, dit l'autre, il sera constant,
Il sera l'appui de la France.

Une bégueule, en s'approchant,
Dit : Que m'importe sa constance ?
Il est aimable, il me suffit ;
Et voilà tout ce que j'en pense ;
Puisqu'il sait plaire, tout est dit.
. . . .
. . . .
. . . .
. . . .

Thiriot me dit tristement :
Ce philosophe conquérant
Daignera-t-il incessamment
Me faire payer mes messages ?
Ami, n'en doutez nullement ;
On peut compter sur ses largesses ,
Mon héros est compatissant,
Et mon héros tient ses promesses :
Car sachez que, lorsqu'il était

Dans cet âge où l'homme est frivole,
D'être un grand homme il promettait,
Et qu'il a tenu sa parole.

C'est ainsi que tout le monde, en
parlant de Votre Majesté, adoucit un
mon chagrin de n'être plus auprès de
Mais, sire, prendrez-vous toujours
villes. et serai-je toujours à la suite
procès? N'y aura-t-il pas cet été quelq
jours heureux où je pourrai faire ma c
à Votre Majesté, etc.

DE M. DE VOLTAIRE

A Paris, 17 mars 1749.

Sir, cet éternel malade répond à la fo
deux lettres de Votre Majesté : dans vo
première, vous jugez de la conduite
Catilina avec ce même esprit qui fait
vous gouvernez un vaste royaume, et v
parlez comme un homme qui connaît à fo
les gens qui gouvernaient autrefois
monde, et que Crébillon a défigurés. V
aimez *Rhadamiste* et *Electre*. J'ai la m
passion que vous, sire ; je regarde ces d
pièces comme des ouvrages vraiment
giques, malgré leurs défauts, m
l'amour d'Itys et d'Iphianasse qui g
et qui refroidissent un des beaux sujet
l'antiquité, malgré l'amour d'Arsame,
gré beaucoup de vers qui pêchent cont
langue et contre la poésie. Le tragiq
le sublime l'emportent sur tous ces dé
et qui sait émouvoir sait tout. Il n'a
pas ainsi de la *Semiramis*. Apparem
Votre Majesté ne l'a pas lue. Cette
tomba absolument ; elle mourut da
naissance, et n'est jamais ressuscitée;
est mal écrite, mal conduite et sans

rêt. Il me sied mal peut-être de parler ainsi, et je ne prendrais pas cette liberté s'il y avait deux avis différents sur cet ouvrage proscrit au théâtre. C'est même parce que cette *Sémiramis* était absolument abandonnée, que j'ai osé en composer une. Je me garderais bien de faire *Rhamadiste* et *Electre*.

J'aurai l'honneur d'envoyer bientôt à Votre Majesté ma *Sémiramis*, qu'on rejoue à présent avec un succès dont je dois être très content. Vous la trouverez très différente de l'esquisse que j'eus l'honneur de vous envoyer il y a quelques années. J'ai tâché d'y répandre toute la terreur du théâtre des Grecs, et de changer les Français en Athéniens. Je suis venu à bout de la métamorphose, quoique avec peine. Je n'ai guère vu la terreur et la pitié, soutenues de la magnificence du spectacle, faire un plus grand effet. Sans la crainte et sans la pitié, point de tragédies. Sire, voilà pourquoi *Zaïre* et *Alzire* arrachent toujours des larmes, et sont toujours redemandées. La religion, combattue par les passions, est un ressort que j'ai employé, et c'est un des plus grands pour remuer les cœurs des hommes. Sur cent personnes il se trouve à peine un philosophe, et encore sa philosophie cède à ce charme et à ce préjugé qu'il combat dans le cabinet. Croyez-moi, sire, tous les discours politiques, tous les profonds raisonnements, la grandeur, la fermeté, sont peu de chose au théâtre ; c'est l'intérêt qui fait tout, et sans lui il n'y a rien. Point de succès dans les représentations, sans la crainte et la pitié ; mais point de succès dans le cabinet, sans une versification toujours correcte, toujours harmonieuse, et soutenue de la poésie d'expression. Per-

mettez-moi, sire, de dire que cette pureté
et cette élégance manquent absolument à
Catilina. Il y a dans cette pièce quelques
vers nerveux, mais il n'y en a jamais dix
de suite où il n'y ait des fautes contre la
langue, ou dans lesquels cette élégance ne
soit sacrifiée.

Il n'y a certainement point de roi dans le
monde qui sente mieux le prix de cette élégance harmonieuse que Frédéric le Grand.
Qu'il se ressouvienne des vers où il parle
d'Alexandre, son devancier, dans une épître
morale, et qu'il compare à ces vers ceux de
Catilina, il verra s'il trouvera dans l'auteur
français le même nombre et la même cadence qui sont dans les vers d'un roi du
Nord, qui m'étonnèrent. Quand je dis qu'il
n'y a point de roi qui sente ce mérite
comme Votre Majesté, j'ajoute qu'il y a
aussi peu de connaisseurs à Paris qui aient
plus de goût, et aucun auteur qui ait plus
d'imagination.....

DE M. DE VOLTAIRE

A Paris, ce 15 octobre 1749.

Sire, si je viens faire un effort, dans l'é-
tat affreux où je suis, pour écrire à M. d'Argens, je ferai bien un autre pour me mettre
aux pieds de Votre Majesté.

J'ai perdu un ami de vingt-cinq années,
un grand homme qui n'avait de défaut que
d'être une femme (1), et que tout Paris regrette et honore. On ne lui a pas peut-être
rendu justice pendant sa vie, et vous n'a-
vez peut-être pas jugé d'elle comme vous
auriez fait, si elle avait eu l'honneur d'être
connue de Votre Majesté. Mais une femme

(1) La marquise du Châtelet.

qui a été capable de traduire Newton et Virgile, et qui avait toutes les vertus d'un honnète homme, aura sans doute part à vos regrets.

L'état où je suis depuis un mois ne me laisse guère d'espérance de vous revoir jamais ; mais je vous dirai hardiment que si vous connaissiez mieux mon cœur, vous pourriez avoir aussi la bonté de regretter un homme qui certainement dans Votre Majesté n'avait aimé que votre personne.

Vous êtes roi, et par conséquent vous êtes accoutumé à vous défier des hommes. Vous avez pensé, par ma dernière lettre, ou que je cherchais une défaite pour ne pas venir à votre cour, ou que je cherchais un prétexte pour vous demander une légère faveur. Encore une fois, vous ne me connaissez pas. Je vous ai dit la vérité, et la vérité la plus connue à Lunéville. Le roi de Pologne Stanislas est sensiblement affligé, et je vous conjure, sire, de sa part et en son nom, de permettre une nouvelle édition de l'*Anti-Machiavel*, où l'on adoucira ce que vous avez dit de Charles XII et de lui ; il vous en sera très obligé. C'est le meilleur prince qui soit au monde ; c'est le plus passionné de vos admirateurs, et j'ose croire que Votre Majesté aura cette condescendance pour sa sensibilité qui est extrème.....

BILLET DE CONGÉ DE VOLTAIRE

Non, malgré vos vertus , non, malgré vos appas,
  Mon âme n'est point satisfaite ;
  Non, vous n'êtes qu'une coquette,
Qui subjuguez les cœurs et ne vous donnez pas.

VOLTAIRE.— CORRESPONDANCE.

Réponse écrite au bas, de la main du roi.

Mon âme sent le prix de vos divins appas,
Mais ne présumez point qu'elle soit satisfaite ;
Traître, vous me quittez pour suivre une coquette,
Moi, je ne vous quitterai pas.

DE M. DE VOLTAIRE

Octobre 1757.

Sire, ne vous effrayez pas d'une longue lettre, qui est la seule chose qui puisse vous effrayer.

J'ai été reçu chez Votre Majesté avec des bontés sans nombre ; je vous ai appartenu, mon cœur vous appartiendra toujours. Ma vieillesse m'a laissé toute ma vivacité pour ce qui vous regarde, en la diminuant pour tout le reste. J'ignore encore, dans ma retraite paisible, si Votre Majesté a été à la rencontre du corps d'armée de M. de Soubise, et si elle s'est signalée par de nouveaux succès. Je suis peu au fait de la situation présente des affaires ; je vois seulement qu'avec la valeur de Charles XII et avec un esprit bien supérieur au sien, vous vous trouvez avoir plus d'ennemis à combattre qu'il n'en eut quand il revint de Stralsund ; mais il y a une chose bien sûre, c'est que vous aurez plus de réputation que lui dans la postérité, parce que vous avez remporté autant de victoires sur des ennemis plus aguerris que les siens, et que vous avez fait à vos sujets tous les biens qu'il n'a pas faits, en ranimant les arts, en fondant des colonies, en embellissant les villes. Je mets à part d'autres talents aussi supérieurs que rares, qui auraient suffi à vous immortaliser. Vos plus grands ennemis ne peuvent vous ôter au cun de ces mérites ; votre gloire est donc absolument hors d'atteinte. Peut-être cette gloire est-elle actuellement augmentée par quelque victoire ; mais nul malheur ne vous l'ôtera. Ne perdez jamais de vue cette idée, je vous en conjure.

Il s'agit à présent de votre bonheur ; je ne parlerai pas aujourd'hui des Treize-Cantons. Je m'étais livré au plaisir de dire à Votre Majesté combien elle est aimée dans le pays que j'habite ; mais je sais qu'en France elle a beaucoup de partisans : je sais très positivement qu'il y a bien des gens qui désirent le maintien de la balance que vos victoires avaient établie. Je me borne à vous dire des vérités simples, sans oser me mêler en aucune façon de politique ; cela ne m'appartient pas. Permettez-moi seulement de penser que, si la fortune vous était entièrement contraire, vous trouveriez une ressource dans la France, garante de tant de traités ; que vos lumières et votre esprit vous ménageraient cette ressource ; qu'il vous resterait toujours assez d'États pour tenir un rang très considérable dans l'Europe ; que le grand-électeur, votre bisaïeul, n'en a pas été moins respecté pour avoir cédé quelques-unes de ses conquêtes. Permettez-moi, encore une fois, de penser ainsi en vous soumettant mes pensées. Les Caton et les Othon, dont Votre Majesté trouve la mort belle, n'avaient guère autre chose à faire qu'à servir ou qu'à mourir ; encore Othon n'était-il pas sûr qu'on l'eût laissé vivre : il prévint, par une mort volontaire, celle qu'on lui eût fait souffrir. Nos mœurs et votre situation sont bien loin d'exiger un tel parti ; en un mot, votre vie est très nécessaire : vous sentez combien elle est chère à une nombreuse famille, et à tous ceux qui ont l'honneur de vous approcher. Vous savez que les affaires de l'Europe ne sont jamais longtemps dans la même assiette, et que c'est un devoir pour un homme tel que vous de se réserver aux événements. J'ose vous dire bien plus : croyez-moi, si votre courage vous portait à cette extrémité héroïque, elle ne serait pas approuvée ; vos partisans la condamneraient, et vos ennemis en triompheraient. Songez encore aux outrages que la nation fanatique des bigots ferait à votre mémoire. Voilà tout le prix que votre nom recueillerait d'une mort volontaire : et, en vérité, il ne faudrait pas donner à ces lâches ennemis du genre humain le plaisir d'insulter à votre nom si respectable.

Ne vous offensez pas de la liberté avec laquelle vous parle un vieillard qui vous a toujours révéré et aimé, et qui croit, d'après une longue expérience, qu'on peut tirer de très grands avantages du malheur. Mais heureusement nous sommes très loin de vous voir réduit à des extrémités si funestes, et j'attends tout de votre courage et de votre esprit, hors le parti malheureux que ce même courage peut me faire craindre. Ce sera une consolation pour moi, en quittant la vie, de laisser sur la terre un roi philosophe.

DE M. DE VOLTAIRE

Octobre 1557.

Sire, votre Epître d'Erfurth est pleine de morceaux admirables et touchants. Il y aura toujours de très belles choses dans ce que vous écrirez. Souffrez que je vous dise ce que j'ai écrit à Son Altesse Royale votre digne sœur, que cette épître fera verser des larmes, si vous n'y parlez pas des vôtres. Mais il ne s'agit pas ici de discuter avec Votre Majesté ce qui peut perfectionner ce monument d'une grande âme et d'un grand génie ; il s'agit de vous, et de l'intérêt de toute la saine partie du genre humain, que la philosophie attache à votre gloire et à votre conservation.

Vous voulez mourir, je ne vous parle pas ici de l'horreur douloureuse que ce dessein m'inspire. Je vous conjure de soupçonner au moins que du haut rang où vous êtes, vous ne pouvez guère voir quelle est l'opinion des hommes, quel est l'esprit du temps. Comme roi on ne vous le dit pas, comme philosophe et comme grand homme vous ne voyez que les exemples des grands hommes de l'antiquité. Vous aimez la gloire, vous la mettez aujourd'hui à mourir d'une manière qne les autres hommes choisissent rarement, et qu'aucun des souverains de l'Europe n'a jamais imaginée depuis la chute de l'empire romain. Mais, hélas! sire, en aimant tant la gloire, comment pouvez-vous vous obstiner à un projet qui vous la fera perdre? je vous ai déjà représenté la douleur de vos amis, le triomphe de vos ennemis, et les insultes d'un certain genre d'hommes qui mettra lâchement son devoir à flétrir une action généreuse.

J'ajoute, car voici le temps de tout dire, que personne ne vous regardera comme le martyr de la liberté ; il faut se rendre justice : vous savez dans combien de cours on s'opiniâtre à regarder votre entrée en Saxe comme une infraction du droit des gens. Que dira-t-on dans ces cours? que vous avez vengé sur vous-même cette invasion ;

que vous n'avez pu résister au chagrin de
ne pas donner la loi. On vous accusera d'un
désespoir prématuré quand on saura que
vous avez pris cette résolution funeste dans
Erfurth, quand vous étiez maître de la
Silésie et de la Saxe. On commentera votre
Épître d'Erfurth, on en fera une critique
injurieuse ; on sera injuste, mais votre
nom en souffrira.

Tout ce que je représente à Votre Majesté
est la vérité même. Celui que j'ai appelé le
Salomon du Nord s'en dit davantage dans
le fond de son cœur.

Il sent qu'en effet, s'il prend ce funeste
parti, il y cherche un honneur dont pourtant il ne jouira pas. Il sent qu'il ne veut
pas être humilié par des ennemis person-
nels ; il entre donc dans ce triste parti de
l'amour - propre , du désespoir. Écoutez
contre ces sentiments votre raison supérieure : elle vous dit que vous n'êtes point
humilié, et que vous ne pouvez l'être ; elle
vous dit qu'étant homme comme un autre,
il vous restera (quelque chose qui arrive)
tout ce qui peut rendre les autres hommes
heureux : biens, dignités, amis. Un homme
qui n'est que roi peut se croire très infortuné quand il perd des États ; mais un
philosophe peut se passer d'États. Encore,
sans que je me mêle en aucune façon de
politique, je ne peux croire qu'il ne vous en
restera pas assez pour être toujours un
souverain considérable. Si vous aimiez
mieux mépriser toute grandeur, comme ont
fait Charles-Quint, la reine Christine, le
roi Casimir, et tant d'autres, vous soutien-
driez ce personnage mieux qu'eux tous ; et
ce serait pour vous une grandeur nouvelle.
Enfin, tous les partis peuvent convenir,
hors le parti odieux et déplorable que vous

voulez prendre. Serait-ce la peine d'être
philosophe si vous ne saviez pas vivre en
homme privé? ou si en demeurant souverain vous ne saviez pas supporter l'adversité?

Je n'ai d'intérêt dans tout ce que je dis
que le bien public et le vôtre. Je suis
dans ma soixante et cinquième année je
suis un infirme, je n'ai qu'un moment à
vivre, j'ai été bien malheureux, vous le
savez; mais je mourrais heureux si je vous
laissais sur la terre mettant en pratique
ce que vous avez si souvent écrit.

DE M. DE VOLTAIRE

Le 13 novembre 1757.

Sire, votre Épitre à d'Argens m'avait fait
trembler; celle dont Votre Majesté m'honore me rassure. Vous sembliez dire un
triste adieu dans toutes les formes, et vouloir précipiter la fin de votre vie. Non seulement ce parti désespérait un cœur comme
le mien, qui ne vous a jamais été assez développé, et qui a toujours été attaché à votre personne, quoi qu'il ait pu arriver;
mais ma douleur s'aigrissait des injustices
qu'une grande partie des hommes ferait à
votre mémoire.

Je me rends à vos trois derniers vers,
aussi admirables par le sens que par les
circonstances où ils sont faits :

« Pour moi, menacé du naufrage,
» Je dois, en affrontant l'orage,
» Penser, vivre et mourir en roi. »

Ces sentiments sont dignes de votre
âme, et je ne veux entendre autre chose
par ces vers, sinon que vous vous défendrez jusqu'à la dernière extrémité avec

votre courage ordinaire. C'est une des preuves de ce courage supérieur aux événements, de faire de beaux vers dans une crise où tout autre pourrait à peine faire un peu de prose. Jugez si ce nouveau témoignage de la supériorité de votre âme doit faire souhaiter que vous viviez. Je n'ai pas le courage, moi, d'écrire en vers à Votre Majesté dans la situation où je vous vois ; mais permettez que je vous dise tout ce que je pense.

Premièrement, soyez très sûr que vous avez plus de gloire que jamais. Tous les militaires écrivent de tous côtés qu'après vous être conduit à la bataille du 18 comme le prince de Condé à Sénef, vous avez agi dans tout le reste en Turenne. Grotius disait : « Je puis souffrir les injures, la misère et l'ignominie ensemble. » Vous êtes couvert de gloire dans vos revers ; il vous reste de grands Etats : l'hiver vient ; les choses peuvent changer. Votre Majesté sait que plus d'un homme considérable pensent qu'il faut une balance, et que la politique contraire est une politique détestable : ce sont leurs propres paroles.

J'oserai ajouter que Charles XII, qui avait votre courage avec infiniment moins de lumières, et moins de compassion pour ses peuples, fit la paix avec le czar sans s'avilir. Il ne m'appartient pas d'en dire davantage, et votre raison supérieure vous en dit cent fois plus.

Je dois me borner à représenter à Votre Majesté combien sa vie est nécessaire à sa famille, aux Etats qui lui demeureront, aux philosophes qu'elle peut éclairer et soutenir, et qui auraient, croyez-moi, beaucoup de peine à justifier devant le public une mort volontaire, contre laquelle tous les préjugés s'élèveraient. Je dois ajouter que quelque personnage que vous fassiez, il sera toujours grand.

Je prends du fond de ma retraite plus d'intérêt à votre sort, que je n'en prenais dans Potsdam et dans Sans-Souci. Cette retraite serait heureuse, et ma vieillesse infirme serait consolée, si je pouvais être assuré de votre vie, que le retour de vos bontés me rend encore plus chère.

J'apprends que monseigneur le prince de Prusse est très malade ; c'est un nouveau surcroît d'affliction, et une nouvelle raison de vous conserver. C'est très peu de chose, j'en conviens, d'exister un moment au milieu des chagrins, entre deux éternités qui nous engloutissent ; mais c'est à la grandeur de votre courage à porter le fardeau de la vie, et c'est être véritablement roi que de soutenir l'adversité en grand homme.

DU ROI

A Breslau, le 16 janvier 1758.

J'ai reçu vos lettres du 22 de novembre et du 2 de janvier en même temps (1). J'ai à peine le temps de faire de la prose, bien moins des vers pour répondre aux vôtres. Je vous remercie de la part que vous prenez aux heureux hasards qui m'ont secondé à la fin d'une campagne où tout semblait perdu. Vivez heureux et tranquille à Genève ; il n'y a que cela dans le monde ; et faites des vœux pour que la fièvre chaude héroïque de l'Europe se guérisse bientôt, pour que le triumvirat se détruise, et que

(1) On n'a point trouvé ces lettres et plusieurs autres qui manquent également.

les tyrans de cet univers ne puissent pas donner au monde les chaînes qu'ils lui préparent. Fédéric.

Je ne suis malade ni de corps ni d'esprit, mais je me repose dans ma chambre. Voilà ce qui a donné lieu aux bruits que mes ennemis ont semés. Mais je peux leur dire comme Démosthène aux Athéniens : Eh bien ! si Philippe était mort, que serait-ce? ô Athéniens ! vous vous feriez bientôt un autre Philippe.

O Autrichiens ! votre ambition, votre désir de tout dominer, vous feraient bientôt d'autres ennemis ; et les libertés germaniques et celles de l'Europe ne manqueront jamais de défenseurs.

DU ROI

Du 6 octobre 1758.

Il vous a été facile de juger de ma douleur par la perte que j'ai faite. Il y a des malheurs réparables par la constance et par un peu de courage ; mais il y en a d'autres contre lesquels toute la fermeté dont on veut s'armer, et tous les discours des philosophes ne sont que des secours vains et inutiles ; ce sont de ceux-ci dont ma malheureuse étoile m'accable dans les moments les plus embarrassants et les plus remplis de ma vie.

Je n'ai pas été malade comme on vous l'a dit ; mes maux ne consistent que dans des coliques hémorroïdales et quelquefois néphrétiques. Si cela eût dépendu de moi, je me serais volontiers dévoué à la mort que ces sortes d'accidents amènent tôt ou tard, pour sauver et pour prolonger les jours de celle qui ne voit plus la lumière (1). N'en perdez jamais la mémoire, et rassemblez, je vous prie, toutes vos forces pour élever un monument à son honneur. Vous n'avez qu'à lui rendre justice; et sans vous écarter de la vérité, vous trouverez la matière la plus ample et la plus belle.

Je vous souhaite plus de repos et de bonheur que je n'en ai. FÉDÉRIC.

DE M. DE VOLTAIRE

SUR LA MORT DE SON ALTESSE ROYALE MADAME LA MARGRAVE DE BAREITH

Décembre 1758.

Ombre illustre, ombre chère, âme héroïque et pure,
Toi que mes tristes yeux ne cessent de pleurer,
Quand la fatale loi de toute la nature
    Te conduit dans la sépulture,
    Faut-il te plaindre ou t'admirer ?

Les vertus, les talents ont été ton partage
    Tu vécus, tu mourus en sage ;
Et voyant à pas lents avancer le trépas,
    Tu montras le même courage
Qui fait voler ton frère au milieu des combats.

Femme sans préjugés, sans vice et sans mollesse,
Tu bannis loin de toi la Superstition,
Fille de l'Imposture et de l'Ambition,
    Qui tyrannise la Faiblesse.

Les Langueurs, les Tourments, ministres de la Mort,
    T'avaient déclaré la guerre ;
    Tu les bravas sans effort,
    Tu plaignis ceux de la terre.

Hélas ! si tes conseils avaient pu l'emporter
Sur le faux intérêt d'une aveugle vengeance,
Que de torrents de sang on eût vu s'arrêter !
    Quel bonheur t'aurait dû la France !

(1) La margrave de Bareith.

Ton cher frère aujourd'hui, dans un noble repos,
Recueillerait son âme à soi-même rendue ;
  Le philosophe, le héros
Ne serait affligé que de t'avoir perdue.

Sur ta cendre adorée il jetterait des fleurs
  Du haut de son char de victoire ;
Et les mains de la Paix et les mains de la Gloire
  Se joindraient pour sécher ses pleurs.

Sa voix célébrerait ton amitié fidèle,
Les échos de Berlin répondraient à ses chants :
Ah ! j'impose silence a mes tristes accents,
Il n'appartient qu'à lui de te rendre immortelle.

Voilà, sire ce que ma douleur me dicta
quelque temps après le premier saisisse-
ment dont je fus accablé à la mort de ma
protectrice. J'envoie ces vers à Votre Majesté, puisqu'elle l'ordonne. Je suis vieux;
elle s'en apercevra bien. Mais le cœur qui
sera toujours à vous et à l'adorable sœur
que vous pleurez, ne veillira jamais. Je
n'ai pu m'empêcher de me souvenir, dans
ces faibles vers, des efforts que cette digne
princesse avait faits pour rendre la paix à
l'Europe. Toutes ses lettres (vous le savez
sans doute) avaient passé par moi. Le ministre, qui pensait absolument comme elle,
et qui ne put lui répondre que par une
lettre qu'on lui dicta, en est mort de chagrin. Je vois avec douleur, dans ma vieillesse accablée d'infirmités, tout ce qui se
passe ; et je me console parce que j'espère
que vous serez aussi heureux que vous méritez de l'être. Le médecin Tronchin dit que
votre colique hémorroïdale n'est point
dangereuse ; mais il craint que tant de travaux n'altèrent votre sang. Cet homme est
sûrement le plus grand médecin de l'Europe, le seul qui connaisse la nature. Il
m'avait assuré qu'il y avait du remède
pour l'état de votre auguste sœur, six mois

avant sa mort. Je fis ce que je pus pour
engager Son Altesse Royale à se mettre entre les mains de Tronchin ; elle se confia à
des ignorants entêtés ; et Tronchin m'an-
nonça sa mort deux mois avant le moment
fatal. Je n'ai jamais senti un désespoir plus
vif. Elle est morte victime de sa confiance
en ceux qui l'ont traitée. Conservez-vous,
sire, car vous êtes nécessaire aux hommes.

DU ROI

A Breslau, le 21 mars 1759.

Vous ne vous êtes pas trompé tout à
fait : je suis sur le point de me mettre en
marche. Quoique ce ne soit pas pour des
sièges, toutefois c'est pour résister à mes
persécuteurs.

J'ai été ravi de voir les changements et
les additions que vous avez faits à votre
ode. Rien ne me fait plus de plaisir que ce
qui regarde cette matière-là. Les nouvelles
strophes sont très belles, et je souhaiterais fort que le tout fût déjà imprimé. Vous
pourrez y ajouter une lettre selon votre
bon plaisir : et quoique je sois très indifférent sur ce qu'on peut dire de moi en
France et ailleurs, on ne me fâchera pas
en vous attribuant mon *Histoire de Brandebourg*. C'est la trouver très bien écrite, et
c'est plutôt me louer que me blâmer.

Dans les grandes agitations où je vais
entrer, je n'aurai pas le temps de savoir si
on fait des libelles contre moi en Europe,
et si on me déchire. Ce que je saurai toujours, et dont je serai témoin, c'est que
mes ennemis font bien des efforts pour
m'accabler. Je ne sais pas si cela en vaut
la peine. Je vous souhaite la tranquillité

et le repos dont je ne jouirai pas, tant que l'acharnement de l'Europe me persécutera. Adieu. FÉDÉRIC.

DE M. DE VOLTAIRE

Aux Délices, le 27 mars 1759.

..... Votre Majesté me traite comme le monde entier ; elle s'en moque quand elle dit que le président se meurt. Le président vient d'avoir à Bâle un procès avec une fille qui voulait être payée d'un enfant qu'il lui a fait. Plût à Dieu que je pusse avoir un tel procès ! j'en suis un peu loin ; j'ai été très malade, et je suis très vieux : j'avoue que je suis très riche, très indépendant, très heureux ; mais vous manquez à mon bonheur, et je mourrai bientôt sans vous avoir vu ; vous ne vous en souciez guère, et je tâche de ne m'en point soucier. J'aime vos vers, votre prose, votre esprit, votre philosophie hardie et ferme. Je n'ai pu vivre sans vous, ni avec vous. Je ne parle point au roi, au héros, c'est l'affaire des souverains ; je parle à celui qui m'a enchanté, que j'ai aimé, et contre qui je suis toujours fâché......

DU ROI

A Landshut, le 18 avril 1760.

..... Je vous félicite encore d'être gentilhomme ordinaire du *Bien-Aimé*. Ce ne sera pas sa patente qui vous immortalisera ; vous ne devez votre apothéose qu'à *la Henriade*, à l'*OEdipe*, à *Brutus, Sémiramis, Mérope, le Duc de Foix*, etc., etc. Voilà ce qui fera votre réputation tant qu'il y aura des hommes sur la terre qui cultiveront les lettres, tant qu'il y aura des personnes de goût et des amateurs du talent divin que vous possédez.

Pour moi je pardonne en faveur de votre génie toutes les tracasseries que vous m'avez faites à Berlin, tous les libelles de Leipsick, et toutes les choses que vous avez dites ou fait imprimer contre moi, qui sont fortes, dures et en grand nombre, sans que j'en conserve la moindre rancune.

Il n'en est pas de même de mon pauvre président que vous avez pris en grippe. J'ignore s'il fait des enfants ou s'il crache ses poumons. Cependant on ne peut que lui applaudir s'il travaille à la propagation de l'espèce, lorsque toutes les puissances de l'Europe font des efforts pour la détruire.

Je suis accablé d'affaires et d'arrangements. La campagne va s'ouvrir incessamment. Mon rôle est d'autant plus difficile, qu'il ne m'est pas permis de faire la moindre sottise, et qu'il faut me conduire prudemment et avec sagesse huit grands mois de l'année. Je ferai ce que je pourrai; mais je trouve la tâche bien dure. Adieu.
FÉDÉRIC.

DU ROI

2 juillet 1759.

.....Croyez-vous qu'il y ait du plaisir à mener cette chienne de vie, à voir et à faire égorger des inconnus, à perdre journellement ses connaissances et ses amis, à voir sans cesse sa réputation exposée aux caprices du hasard, à passer toute l'année dans les inquiétudes et les appréhensions, à risquer sans fin sa vie et sa fortune ?

Je connais certainement le prix de la tranquillité, les douceurs de la société, les agréments de la vie, et j'aime à être heureux autant que qui que ce soit. Quoique je désire tous ces biens, je ne veux cependant pas les acheter par des bassesses et des infamies. La philosophie nous apprend à faire notre devoir, à servir fidèlement notre patrie au prix de notre sang, de notre repos, à lui sacrifier tout notre être. L'illustre Zadig essuya bien des aventures qui n'étaient pas de son goût, Candide de même: ils prirent cependant leur mal en patience. Quel plus bel exemple à suivre que celui de ces héros ?

Croyez-moi, nos habits écourtés valent vos talons rouges, les pelisses hongroises et les justaucorps verts des Roxelans. On est actuellement aux trousses de ces derniers, qui, par leur balourdise, nous donnent beau jeu Vous verrez que je me tirerai encore d'embarras cette année, et que je me délivrerai des verts et des blancs.

Il faut que le Saint-Esprit ait inspiré à rebours cette créature bénite par Sa Sainteté (1). Il paraît avoir bien du plomb dans le derrière. Je sortirai d'autant plus sûrement de tout ceci, que j'ai dans mon camp une vraie héroïne, une pucelle plus brave que Jeanne d'Arc. Cette divine fille est née en pleine Wesphalie, aux environs de Hildesheim. J'ai de plus un fanatique venu de je ne sais où, qui jure son dieu et son

---

(1) Le pape Rezzonico (Clément XIII) avait envoyé une épée bénite et un bonnet doublé d'agnus au maréchal Daun, qui avait eu la bêtise de se prêter à cette facétie digne du treizième siècle.

grand diable que nous taillerons tout en
pièces.

Voici donc comme je raisonne. Le bon
roi Charles chassa les Anglais des Gaules
à l'aide d'une pucelle; il est donc clair que
par la mienne nous vaincrons les trois
dames; car vous savez que dans le paradis
les saints conservent toujours un peu de
tendre pour les pucelles. J'ajoute à ceci
que Mahomet avait son pigeon, Sertorius
sa biche, votre enthousiaste des Cévennes
sa grosse Nicole, et je conclus que ma pucelle et mon inspiré me vaudront au moins
tout autant.

Ne mettez point sur le compte de la
guerre des malheurs et des calamités qui
n'y ont aucun rapport.

L'abominable entreprise de Damiens, le
cruel assassinat intenté contre le roi de
Portugal, sont de ces attentats qui se com-
mettent en paix comme en guerre; ce sont
les suites de la fureur et de l'aveuglement
d'un zèle absurde. L'homme restera, malgré les écoles de philosophie, la plus mé-
chante bête de l'univers. La superstition,
l'intérêt, la vengeance, la trahison, l'ingra-
titude, produiront, jusqu'à la fin des siècles, des scènes sanglantes et tragiques,
parce que les passions, et très rarement la
raison nous gouvernent. Il y aura toujours
des guerres, des procès, des dévastations,
des pestes, des tremblements de terre, des
banqueroutes. C'est sur ces matières que
roulent toutes les annales de l'univers.

Je crois, puisque cela est ainsi, qu'il faut
que cela soit nécessaire; maître Pangloss
vous en dira la raison. Pour moi, qui n'ai
pas l'honneur d'être docteur, je vous confesse mon ignorance. Il me paraît cependant que si un être bienfaisant avait fait

l'univers, il nous aurait rendu plus heureux que nous ne le sommes. Il n'y a que l'égide de Zénon pour les calamités, et les couronnes du jardin d'Epicure pour la fortune.

Pressez votre laitage, faites cuver votre vin et faucher vos prés sans vous inquiéter si l'année sera abondante ou stérile. Le gentilhomme du Bien-Aimé m'a promis, tout vieux lion qu'il est, de donner un coup de patte à l'*inf*... J'attends son livre. Je vous envoie, en attendant, un *Akakia* contre Sa Sainteté, qui, je m'en flatte, édifiera votre béatitude.

Je me recommande à la muse du général des capucins, de l'architecte de l'église de Ferney, du prieur des filles du Saint-Sacrement, et de la gloire mondaine du pape Rezzonico, de la pucelle Jeanne, etc.

En vérité, je n'y tiens plus. J'aimerais autant parler du comte de Sabines, du chevalier de Tusculum, et du marquis d'Andès. Les titres ne sont que la décoration des sots; les grands hommes n'ont besoin que de leur nom.

Adieu; santé et prospérité à l'auteur de la *Henriade*,, au plus malin et au plus séduisant des beaux esprits qui ont été et qui seront dans le monde. *Vale.* FÉDÉRIC.

DE M. DE VOLTAIRE

Au château de Tournay, par Genève,
22 avril 1760.

Sire, un petit moine de Saint-Just disait à Charles-Quint : « Sacrée Majesté, n'êtes-» vous pas lasse d'avoir troublé le monde! » faut-il encore désoler un pauvre moine » dans sa cellule? » Je suis le moine, mais vous n'avez pas encore renoncé aux gran-

deurs et aux misères humaines comme
Charles-Quint. Quelle cruauté avez-vous de
me dire que je calomnie Maupertuis, quand
je vous dis que le bruit a couru qu'après
sa mort on avait trouvé les œuvres du philosophe de Sans-Souci dans sa cassette ?
Si en effet on les y avait trouvées, cela ne
prouverait-il pas au contraire qu'il les
avait gardées fidèlement ; qu'il ne les avait
communiquées à personne, et qu'un libraire
en aurait abusé ; ce qui aurait disculpé des
personnes qu'on a peut-être injustement
accusées. Suis-je d'ailleurs obligé de savoir
que Maupertuis vous les avait renvoyées ?
Quel intérêt ai-je à parler mal de lui ? que
m'importe sa personne et sa mémoire ? en
quoi ai-je pu lui faire tort en disant à Votre
Majesté qu'il avait gardé fidèlement votre
dépôt jusqu'à sa mort ? Je ne songe moi-
même qu'à mourir, et mon heure approche ; mais ne la troublez pas par des repro-
ches injustes, et par des duretés qui sont
d'autant plus sensibles que c'est de vous
qu'elles viennent.

Vous m'avez fait assez de mal, vous
m'avez brouillé pour jamais avec le roi de
France ; vous m'avez fait perdre mes emplois et mes pensions ; vous m'avez mal-
traité à Francfort, moi et une femme inno-
cente, une femme considérée, qui a été
traînée dans la boue et mise en prison, et
ensuite, en m'honorant de vos lettres, vous
corrompez la douceur de cette consolation
par des reproches amers. Est-il possible
que ce soit vous qui me traitiez ainsi,
quand je ne suis occupé depuis trois ans
qu'à tâcher, quoique inutilement, de vous
servir sans aucune autre vue que celle de
suivre ma façon de penser ?

Le plus grand mal qu'aient fait vos

œuvres, c'est qu'elles ont fait dire aux ennemis de la philosophie répandus dans toute
l'Europe : « Les philosophes ne peuvent
» vivre en paix, et ne peuvent vivre ensem-
» ble. Voici un roi qui ne croit pas en Jésus-
» Christ ; il appelle à sa cour un homme
» qui n'y croit point, et il le maltraite ; il
» n'y a nulle humanité dans les prétendus
» philosophes, et Dieu les punit les uns
» par les autres. ».....

DU ROI

A Sans-Souci, le 24 octobre 1765.

..... Je vous félicite de la bonne opinion
que vous avez de l'humanité. Pour moi, qui
par les devoirs de mon état connais beaucoup cette espèce à deux pieds, sans plumes, je vous prédis que ni vous ni tous les
philosophes du monde ne corrigeront le
genre humain de la superstition à laquelle
il tient. La nature a mis cet ingrédient
dans la composition de l'espèce : c'est une
crainte, c'est une faiblesse, c'est une cré-
dulité, une précipitation de jugement, qui
par un penchant ordinaire entraîne les
hommes dans le système du merveilleux.

Il est peu d'âmes philosophiques et d'une
trempe assez forte pour détruire en elles
les profondes racines que les préjugés de
l'éducation y ont jetées. Vous en voyez
dont le bon sens est détrompé des erreurs
populaires, qui se révoltent contre les absurdités, et qui à l'approche de la mort
redeviennent superstitueux par crainte, et
meurent en capucins ; vous en voyez d'autres dont la façon de penser dépend de leur
digestion, bonne ou mauvaise.

Il ne suffit pas, à mon sens, de détrom-

per les hommes : il faudrait pouvoir leur
inspirer le courage d'esprit, ou la sensibilité et la terreur de la mort triompheront
des raisonnements les plus forts et les plus
méthodiques.

Vous pensez, parce que les quakers et
les sociniens ont établi une religion simple, qu'en la simplifiant encore davantage
on pourrait sur ce plan fonder une nouvelle croyance. Mais j'en reviens à ce que
j'ai déjà dit, et suis presque convaincu que
si ce troupeau se trouvait considérable, il
enfanterait en peu de temps quelque superstition nouvelle, à moins qu'on ne choi-
sit, pour le composer, que des âmes exemp-
tes de crainte et de faiblesse. Cela ne se
trouve pas communément.

Cependant je crois que la voix de la raison, à force de s'élever contre le fanatisme,
pourra rendre la race future plus tolérante
que celle de notre temps ; et c'est beaucoup
gagner.

On vous aura obligation d'avoir corrigé
les hommes de la plus cruelle, de la plus
barbare folie qui les ait possédés, et dont
les suites font horreur.

Le fanatisme et la rage de l'ambition ont
ruiné des contrées florissantes dans mon
pays. Si vous êtes curieux du total des
dévastations qui se sont faites, vous saurez qu'en tout j'ai fait rebâtir huit mille
maisons en Silésie ; en Poméranie et dans
la nouvelle Marche, six mille cinq cents, ce
qui fait, selon Newton et d'Alembert, qua-
torze mille cinq cents habitations.

La plus grande partie a été brûlée par
les Russes. Nous n'avons pas fait une
guerre aussi abominable ; et il n'y a de
détruit de notre part que quelques maisons
dans les villes que nous avons assiégées,

dont le nombre certainement n'approche
pas de mille. Le mauvais exemple ne nous
a pas séduits ; et j'ai de ce côté-là ma
conscience exempte de tout reproche.

A présent que tout est tranquille et réta-
bli, les philosophes, par préférence, trou-
veront des asiles chez moi, partout où ils
voudront, à plus forte raison l'ennemi de
Baal, ou de ce culte que dans le pays où
vous êtes on appelle *la prostituée de Baby-
lone.*

Je vous recommande à la sainte garde
d'Epicure, d'Aristippe, de Locke, de Gas-
sendi, de Bayle, et de toutes ces âmes
épurées de préjugés, que leur génie immortel a rendues des chérubins attachés à
l'arche de la vérité. FÉDÉRIC.

Si vous voulez nous faire passer quelques
livres dont vous parlez, vous ferez plaisir à
ceux qui espèrent en celui qui délivrera
son peuple du joug des imposteurs.

DU ROI

A Berlin, le 8 janvier 1766.

Non, il n'est point de plus plaisant vieillard que vous. Vous avez conservé toute la
gaieté et l'aménité de votre jeunesse. Votre
lettre sur les miracles m'a fait pouffer de
rire. Je ne m'attendais pas à m'y trouver
et je fus surpris de m'y voir placé entre les
Autrichiens et les cochons. Votre esprit
est encore jeune, et tant qu'il restera tel
il n'y a rien à craindre pour le corps.
L'abondance de cette liqueur qui circule
dans les nerfs et qui anime le cerveau
prouve que vous avez encore des ressour-
ces pour vivre.

Si vous m'aviez dit, il y a dix ans, que

que vous dites en finissant votre lettre, vous seriez encore ici. Sans doute que les hommes ont leurs faiblesses, sans doute que la perfection n'est point leur partage, je le ressens moi-même, et je suis convaincu de l'injustice qu'il y a d'exiger des autres ce qu'on ne saurait accomplir et à quoi soi-même on ne saurait atteindre. Vous deviez commencer par là, tout était dit, et je vous aurais aimé avec vos défauts, parce que vous avez assez de grands talents pour couvrir quelques faiblesses.

DE M. DE VOLTAIRE

1er février 1766.

Sire, je vous fais très tard mes remerciements, mais c'est que j'ai été sur le point de ne vous en faire jamais aucun. Ce rude hiver m'a presque tué; j'étais tout près d'aller trouver Bayle et de le féliciter d'avoir eu un éditeur qui a encore plus de réputation que lui dans plus d'un genre; il aurait sûrement plaisanté avec moi de ce que Votre Majesté en a usé avec lui comme Jurieu; elle a tronqué l'article *David*. Je vois bien qu'on a imprimé l'ouvrage sur la seconde édition de Bayle. C'est bien dommage de ne pas rendre à ce David toute la justice qui lui est due; c'était un abominable juif, lui et ses psaumes. Je connais un roi plus puissant que lui et plus généreux, qui, à mon gré, fait de meilleurs vers. Celui-là ne fait point danser les collines comme des béliers, et les béliers comme des collines. Il ne dit point qu'il faut écraser les petits enfants contre la muraille, au nom du Seigneur; il ne parle point éternellement d'aspics et de basilics

Ce qui me plaît surtout de lui, c'est que
dans toutes ses épîtres il n'y a pas une
seule pensée qui ne soit vraie ; son imagination ne s'égare point. La justesse est le
fonds de son esprit ; et en effet, sans justesse il n'y a ni esprit ni talent.

Je prends la liberté de lui envoyer un
caillou du Rhin pour un boisseau de diamants. Voilà les seuls marchés que je puisse
faire avec lui.

Les dévotes de Versailles n'ont pas été
trop contentes du peu de confiance que j'ai
en sainte Geneviève ; mais le monarque
philosophe prendra mon parti.....

DU ROI

A Potsdam, le 28 février 1767.

Je félicite l'Europe des productions dont
vous l'avez enrichie pendant plus de cinquante années, et je souhaite que vous en
ajoutiez encore autant que les Fontenelle,
les Fleury et les Nestor en ont vécu. Avec
vous finit le siècle de Louis XIV. De cette
époque si féconde en grands hommes, vous
êtes le dernier qui nous reste. Le dégoût
des lettres, la satiété des chefs-d'œuvre que
l'esprit humain a produits, un esprit de
calcul, voilà le goût du temps présent.

Parmi la foule de gens d'esprit dont la
France abonde, je ne trouve pas de ces esprits créateurs, de ces vrais génies qui
s'annoncent par de grandes beautés, des
traits brillants et des écarts même. On se
plaît à analyser tout. Les Français se pi-
quent à présent d'être profonds. Leurs livres semblent faits de froids raisonneurs,
et ces grâces qui leur étaient si naturelles,
ils les négligent.

Un des meilleurs ouvrages que j'aie lus de longtemps, est ce *factum* pour les Calas, fait par un avocat (1) dont le nom ne me revient pas. Ce *factum* est plein de traits de véritable éloquence, et je crois l'auteur digne de marcher sur les traces de Bossuet, etc., non comme théologien, mais comme orateur.....

.....Voici de suite trois jugements bien honteux pour les Parlements de France. Les Calas, les Sirven et La Barre devraient ouvrir les yeux au gouvernement, et le porter à la réforme des procédures criminelles : mais on ne corrige les abus que quand ils sont parvenus à leur comble. Quand ces cours de justice auront fait rouer quelque duc et pair par distraction, les grandes maisons crieront, les courtisans mèneront grand bruit, et les calamités publiques parviendront au trône.....

DU ROI

1768.

Bon jour et bon an au patriarche de Ferney, qui ne m'envoie ni la prose ni les vers qu'il m'a promis depuis six mois. Il faut que vous autres patriarches vous ayez des usages et des mœurs en tout différents des profanes. Avec des bâtons marquetés vous achetez des brebis et trompez des beauxpères ; vos femmes sont tantôt vos sœurs, tantôt vos femmes, selon que les circonstances le demandent : vous promettez vos ouvrages et ne les envoyez point. Je conclus de tout cela qu'il ne fait pas bon se fier à vous autres, tout grands saints que

(1) Elie de Beaumont.

vous êtes. Et qui vous empêche de donner signe de vie ? Le cordon qui entourait Genève et Ferney est levé ; vous n'êtes plus bloqué par les troupes françaises, et l'on écrit de Paris que vous êtes le protégé de Choiseul. Que de raisons pour écrire ! Sera-t-il dit que je recevrai clandestinement vos ouvrages, et que je ne les tirerai plus de source ? Je vous avertis que j'ai imaginé le moyen de me faire payer. Je vous bombarderai tant et si longtemps de mes pièces, que, pour vous préserver de leur atteinte, vous m'enverrez des vôtres. Ceci mérite quelques réflexions. Vous vous exposez plus que vous ne le pensez. Souvenez-vous combien le *Dictionnaire de Trévoux* fut fatal au père Berthier ; et si mes pièces ont la même vertu, vous bâillerez en les recevant, puis vous sommeillerez, puis vous tomberez en léthargie, puis on appellera le confesseur, et puis..., etc., etc., etc. Ah ! patriarche ! évitez d'aussi grands dangers, tenez-moi parole, envoyez-moi vos ouvrages, et je vous promets que vous ne recevrez plus de moi ni d'ouvrages soporifiques, ni de poisons léthargiques, ni de médisances sur les patriarches, leurs sœurs, leurs nièces, leurs brebis et leur inexactitude, et que je serai toujours avec l'admiration due au père des croyants, etc.

DE M. DE VOLTAIRE

Novembre 1768.

Nul ne doit plaire à Dieu que nous et nos amis.

J'ai dit quelque part que La Motte Le Vayer, précepteur du frère de Louis XIV, répondit un jour à un de ces maroufles : « Mon ami, j'ai tant de religion, que je ne « suis pas de ta religion. »

Ils ignorent, ces pauvres gens, que le vrai culte, la vraie piété, la vraie sagesse, est d'adorer Dieu comme le père commun de tous les hommes sans distinction, et d'être bienfaisant.

Ils ignorent que la religion ne consiste ni dans les rêveries des bons quakers, ni dans celles des bons anabaptistes ou des piétistes, ni dans l'impanation et l'invination, ni dans un pèlerinage à Notre-Dame de Lorette, à Notre-Dame des Neiges, ou à Notre - Dame des Sept - Douleurs ; mais dans la connaissance de l'Etre suprême qui remplit toute la nature, et dans la vertu.

Je ne vois pas que ce soit une piété bien éclairée qui ait refusé aux dissidents de Pologne les droits que leur donne leur naissance, et qui ait appelé les janissaires de notre Saint-Père le Turc au secours des bons catholiques romains de la Sarmatie. Ce n'est point problement le Saint-Esprit qui a dirigé cette affaire, à moins que ce ne soit un saint-esprit du révérend père Malagrida, ou du révérend père Guignard, ou du révérend père Jacques Clément.

Je n'entre point dans la politique qui a toujours appuyé la cause de Dieu, depuis le grand Constantin, assassin de toute sa famille, jusqu'au meurtre de Charles Iᵉʳ, qu'on fit assassiner par le bourreau, l'évangile à la main ; la politique n'est pas mon affaire : je me suis toujours borné à faire mes petits efforts pour rendre les hommes moins sots et plus honnêtes. C'est dans cette idée que, sans consulter les intérêts de quelques souverains (intérêts à moi très inconnus), je me borne à souhaiter très passionnément que les barbares Turcs soient chassés incessamment du pays de

Xénophon, de Socrate, de Platon, de Sophocle et d'Euripide. Si l'on voulait, cela serait bientôt fait ; mais on a entrepris autrefois sept croisades de la superstition, et on n'entreprendra jamais une croisade d'honneur : on en laissera tout le fardeau à Catherine.

Au reste, sire, je suis dans mon lit depuis un an ; j'aurais voulu que mon lit fût à Clèves.

J'apprends que Votre Majesté, qui n'est pas faite pour être au lit, se porte mieux que jamais, que vous êtes engraissé, que vous avez des couleurs brillantes. Que le grand Être qui remplit l'univers vous conserve ! Soyez à jamais le protecteur des gens qui pensent, et le fléau des ridicules.

Agréez le profond respect de votre ancien serviteur, qui n'a jamais changé d'idées, quoi qu'on dise.

DU ROI

A Potsdam, le 25 novembre 1769.

Vous avez trop de modestie, si vous avez pu croire qu'un silence comme celui que vous avez gardé pendant deux ans peut être supporté avec patience. Non sans doute. Tout homme qui aime les lettres doit s'intéresser à votre conservation, et être bien aise quand vous-même lui en donnez des nouvelles. Que des Suisses s'établissent à Clèves, ou qu'ils restent à Genève, ce n'est pas ce qui m'intéresse ; mais bien de savoir ce que fait le héros de la raison, le Prométhée de nos jours, qui apporte la lumière céleste pour éclairer des aveugles, et les désabuser de leurs préjugés et de leurs erreurs.

Je suis bien aise que des sottises anglaises vous aient ressuscité : j'aimerais les extravagants qui feraient de pareils miracles. Cela n'empêche pas que je ne prenne l'auteur anglais pour un ancien Picte qui ne connaît pas l'Europe. Il faut être bien nouveau pour vous traduire en père de l'Eglise, qui par pitié de mon âme travaille à ma conversion. Il serait à souhaiter que vos évêques français eussent une pareille opinion de votre orthodoxie ; vous n'en vivriez que plus tranquille.....

..... Pour passer à un sujet plus gai, je vous envoie un prologue de comédie que j'ai composé à la hâte, pour en régaler l'électrice de Saxe qui m'a rendu visite. C'est une princesse d'un grand mérite, et qui aurait bien valu qu'un meilleur poète la chantât. Vous voyez que je conserve mes anciennes faiblesses : j'aime les belles-lettres à la folie ; ce sont elles seules qui charment nos loisirs et qui nous procurent de vrais plaisirs. J'aimerais tout autant la philosophie, si notre faible raison y pouvait découvrir les vérités cachées à nos yeux, et que notre vaine curiosité recherche si avidement ; mais apprendre à connaître, c'est apprendre à douter. J'abandonne donc cette mer si féconde en écueils d'absurdités, persuadé que tous les objets abstraits de nos spéculations étant hors de notre portée, leur connaissance nous serait entièrement inutile, si nous pouvions y parvenir.

Avec cette façon de penser, je passe ma vieillesse tranquillement ; je tâche de me procurer toutes les brochures du neveu de l'abbé Bazin ; il n'y a que ses ouvrages qu'on puisse lire.

Je lui souhaite longue vie, santé et contentement ; et quoi qu'il ait dit, je l'aime toujours. Fédéric.

DE M. DE VOLTAIRE

A Ferney, le 9 décembre 1769.

Quand Thalestris, que le Nord admira,
Rendit visite à ce vainqueur d'Arbelle,
Il lui donna bals, ballets, opéra,
Et fit, de plus, de jolis vers pour elle.
Tous deux avaient infiniment d'esprit :
C'était, dit-on, plaisir de les entendre.
On avouait que Jupiter ne fit
Des Thalestris que du temps d'Alexandre.

DU ROI

A Berlin, le 4 janvier 1770.

..... Quand vous avez pris des pilules, vous purgez de meilleurs vers que tous ceux qu'on fait actuellement en Europe. Pour moi, je prendrais toute la rhubarbe de la Sibérie et tout le séné des apothicaires, sans que jamais je fisse un chant de *la Henriade*. Tenez, voyez-vous, mon cher, chacun naît avec un certain talent; vous avez tout reçu de la nature : cette bonne mère n'a pas été aussi libérale envers tout le monde. Vous composez vos ouvrages pour la gloire, et moi pour mon amusement. Nous réussissons l'un et l'autre, mais d'une manière bien différente : car tant que le soleil éclairera le monde, tant qu'il se conservera une teinture de science, une étincelle de goût, tant qu'il y aura des esprits qui aimeront des pensées sublimes, tant qu'il se trouvera des oreilles sensibles à l'harmonie, vos ouvrages dureront, et votre nom remplira l'espace des siècles qui mène à l'éternité. Pour les miens on dira : C'est beaucoup que ce roi n'ait pas été tout à fait imbécile ; cela est passable ; s'il était né particulier, il aurait pourtant pu gagner sa vie en se faisant correcteur chez quelque libraire ! et puis on jette là le livre, et puis on en fait des papillotes, et puis il n'en est plus question......

DE M. DE VOLTAIRE

A Ferney, 27 avril 1770.

Sire, quand vous étiez malade, je l'étais bien aussi, et je faisais tout comme vous de la prose et des vers, à cela près que mes vers et ma prose ne valaient pas grand'chose ; je conclus que j'étais fait pour vivre et mourir auprès de vous, et qu'il y a eu du malentendu si cela n'est pas arrivé.

Me voilà capucin pendant que vous êtes jésuite ; c'est encore une raison de plus qui devait me retenir à Berlin ; cependant on dit que frère Ganganelli a condamné mes œuvres, ou du moins celles que les libraires vendent sous mon nom.

Je vais écrire à Sa Sainteté que je suis très bon catholique, et que je prends Votre Majesté pour mon répondant.

Je ne renonce point du tout à mon auréole ; et comme je suis près de mourir d'une fluxion de poitrine, je vous prie de me faire canoniser au plus vite : cela ne vous coûtera que cent mille écus : c'est marché donné.

Pour vous, sire, quand il faudra vous canoniser, on s'adressera à Marc-Aurèle. Vos dialogues sont tout à fait dans son goût comme dans ses principes ; je ne sais rien de plus utile. Vous avez trouvé le secret d'être le défenseur, le législateur, l'historien et le précepteur de votre royaume; tout cela est pourtant vrai : je défie qu'on en dise autant de Moustapha. Vous devriez bien vous arranger pour attraper quelques dépouilles de ce gros cochon ; ce serait rendre service à l'humanité.

Pendant que l'empire russe et l'empire ottoman se choquent avec un fracas qui retentit jusqu'aux deux bouts du monde, la petite république de Genève est toujours sous les armes; mon manoir est rempli d'émigrants qui s'y réfugient. La ville de Jean Calvin n'est pas édifiante pour le moment présent.

Je n'ai jamais vu tant de neige et tant de sottises. Je ne verrai bientôt rien de tout cela, car je me meurs.

Daignez recevoir la bénédiction de frère François et m'envoyer celle de saint Ignace.

Restez un héros sur la terre, et n'abandonnez pas absolument la mémoire d'un homme dont l'âme a toujours été aux pieds de la vôtre.

DE M. DE VOLTAIRE

A Ferney, 4 mai 1770.

Sire, je me flatte que votre santé est entièrement raffermie. Je vous ai vu autrefois vous faire saigner à cloche-pied immédiatement après un accès de goutte, et monter à cheval le lendemain : vos dialogues à la Marc-Aurèle sont fort au dessus d'une course à cheval et d'une parade.

Je ne sais si Votre Majesté est encore autant dans le goût des tableaux qu'elle est dans celui de la morale. L'impératrice, de Russie en fait acheter à présent de tous les côtés ; on lui en a vendu pour 100,000 fr. à Genève : cela fait croire qu'elle a de l'argent de reste pour battre Moustapha. Je voudrais que vous vous amusassiez à battre Moustapha aussi, et que vous partageassiez avec elle ; mais je ne suis chargé que de proposer un tableau à Votre Majesté, et nullement la guerre contre le Turc. M. Hénin, résident de France à Genève, a le tableau des trois Grâces, de Vanloo, haut de six pieds, avec des bordures. Il le veut vendre 11,000 livres : voilà tout ce que j'en sais. Il était destiné pour le feu roi de Pologne. S'il convient à votre nouveau palais, vous n'avez qu'à ordonner qu'on vous l'envoie, et voilà ma commission faite.

Comme j'ai presque perdu la vue au milieu des neiges du mont Jura, ce n'est pas à moi à parler de tableaux. Je ne puis guère non plus parler de vers dans l'état où je suis ; car si Votre Majesté a eu la goutte, votre vieux serviteur se meurt de la poitrine. Nous avons l'hiver pour printemps dans nos Alpes. Je ne sais si la nature traite mieux les sables de Berlin, mais je me souviens que le temps était toujours beau auprès de Votre Majesté. Je la supplie de me conserver ses bontés, et de n'avoir plus de goutte. Je suis plus près du paradis qu'elle ; car elle n'est que protectrice des jésuites, et moi je suis réellement capucin ; j'en ai la patente avec le portrait de saint François, tiré sur l'original. Je me mets à vos pieds malgré mes honneurs divins.

Frère *François Voltaire.*

DU ROI

A Charlottenbourg, le 24 mai 1770.

Je vous crois très capucin, puisque vous le voulez, et même sûr de votre canonisation parmi les saints de l'Eglise. Je n'en connais aucun qui vous soit comparable, et je commence par dire : *Sancte Voltarie, ora pro nobis.*

Cependant le saint-père vous a fait brûler à Rome. Ne pensez pas que vous soyez le seul qui ayez joui de cette faveur : l'*Abrégé* de Fleury a eu un sort tout semblable. Il y a je ne sais quelle affinité entre nous qui me frappe. Je suis le protecteur des jésuites ; vous, des capucins ; vos ouvrages sont brûlés à Rome ; les miens aussi. Mais vous êtes saint, et je vous cède la préférence.

Comment, monsieur le saint, vous vous étonnez qu'il y ait une guerre en Europe dont je ne sois pas ! cela n'est pas trop canonique. Sachez donc que les philosophes, par leurs déclamations perpétuelles contre ce qu'ils appellent brigands mercenaires, m'ont rendu pacifique. L'impératrice de Russie peut guerroyer à son aise : elle a obtenu de Diderot, à beaux deniers comptants, une dispense pour faire battre les Russes contre les Turcs. Pour moi, qui crains les censeurs philosophes, l'excommunication encyclopédique, et de commettre un crime de lèse-philosophie, je me tiens en repos. Et comme aucun livre n'a paru encore contre les subsides, j'ai cru qu'il m'était permis, selon les lois civiles et naturelles, d'en payer à mon allié auquel je les dois ; et je suis en règle vis-à-vis de ces précepteurs du genre humain

qui s'arrogent le droit de fesser les princes,
rois et empereurs qui désobéissent à leurs
règles.....

DE M. DE VOLTAIRE

8 juin 1770.

Quand un cordelier incendie
Les ouvrages d'un capucin,
On sent bien que c'est jalousie,
Et l'effet de l'esprit malin.
Mais lorsque d'un grand souverain
Les beaux écrits il associe
Aux farces de saint Cucufin,
C'est une énorme étourderie.
Le saint-père est un pauvre saint ;
C'est un sot moine qui s'oublie ;
Au hasard il excommunie.
Qui trop embrasse mal étreint.

Voilà Votre Majesté bien payée de s'être
vouée à saint Ignace ; passe pour moi chétif, qui n'appartiens qu'à saint François.

Le malheur, sire, c'est qu'il n'y a rien à
gagner à punir frère Ganganelli : plût à
Dieu qu'il eût quelque bon domaine dans
votre voisinage, et que vous ne fussiez pas
si loin de Notre-Dame de Lorette !

Il est beau de savoir railler
Ces arlequins faiseurs de bulles ;
J'aime à les rendre ridicules ;
J'aimerais mieux les depouiller.

Que ne vous chargez-vous du vicaire de
Simon Barjone, tandis que l'impératrice de
Russie époussette le vicaire de Mahomet ?
Vous auriez à vous deux purgé la terre de
deux étranges sottises. J'avais autrefois
conçu ces grandes espérances de vous ;
mais vous vous êtes contenté de vous mo-
quer de Rome et de moi, d'aller droit au
solide, et d'être un héros très avisé.....

DU ROI

A Postdam, le 16 septembre 1770.

Je n'ai point été fâché que les sentiments que j'annonce au sujet de votre statue, dans une lettre écrite à M. d'Alembert, aient été divulgués. Ce sont des vérités dont j'ai toujours été intimement convaincu, et que Maupertuis ni personne n'ont effacées de mon esprit. Il était très juste que vous jouissiez vivant de la reconnaissance publique, et que je me trouvasse avoir quelque part à cette démonstration de vos contemporains, en ayant eu tant au plaisir que leur ont fait vos ouvrages.

Les bagatelles que j'écris ne sont pas de ce genre : elles sont un amusement pour moi. Je m'instruis moi-même en pensant à des matières de philosophie, sur lesquelles je griffonne quelquefois trop hardiment mes pensées. Cet ouvrage sur le *Système de la nature* est trop hardi pour les lecteurs actuels auxquels il pourrait tomber entre les mains. Je ne veux scandaliser personne : je n'ai parlé qu'à moi-même en l'écrivant. Mais dès qu'il s'agit de s'énoncer en public, ma maxime constante est de ménager la délicatesse des oreilles superstitieuses, de ne choquer personne et d'attendre que le siècle soit assez éclairé pour qu'on puisse impunément penser tout haut:....

.... Mon occupation principale est de combattre l'ignorance et les préjugés dans les pays que le hasard de la naissance me fait gouverner, d'éclairer les esprits, de cultiver les mœurs et de rendre les hommes aussi heureux que le comporte la nature humaine et que le permettent les moyens que je puis employer.....

..... Ce que je sais certainement, c'est que j'aurai une copie de ce buste auquel Pigalle travaille : ne pouvant posséder l'original, j'en aurai au moins la copie. C'est se contenter de peu lorsqu'on se souvient qu'autrefois on a possédé ce divin génie même. La jeunesse est l'âge des bonnes aventures ; quand on devient vieux et décrépit, il faut renoncer aux beaux esprits comme aux maîtresses.

Conservez-vous toujours pour éclairer encore, dans vos vieux jours, la fin de ce siècle qui se glorifie de vous posséder, et qui sait connaître le prix de ce trésor. Fédéric.

DU ROI

A Postdam, le 16 septembre 1770.

Il faut convenir que nous autres citoyens du nord de l'Allemagne, nous n'avons point d'imagination. Le P. Bouhours l'assure ; il faut l'en croire sur sa parole. A vous autres voyants de Paris, votre imagination vous fait trouver des liaisons où nous n'aurions pas supposé les moindres rapports. En vérité le prophète, quel qu'il soit, qui me fait l'honneur de s'amuser sur mon compte, me traite avec distinction. Ce n'est pas pour tous les êtres que les gens de cette espèce exaltent leur âme. Je me croirai un homme important ; et il ne faudra qu'une comète ou quelque éclipse qui m'honore de son attention, pour achever de me tourner la tête.

Mais tout cela n'était pas nécessaire pour

rendre justice à Voltaire ; une âme sensible et un cœur reconnaissant suffiraient. Il est bien juste que le public lui paye le plaisir qu'il en a reçu. Aucun auteur n'a jamais eu un goût aussi perfectionné que ce grand homme. La profane Grèce en aurait fait un dieu : on lui aurait élevé un temple. Nous ne lui érigeons qu'une statue : faible dédommagement de toutes les persécutions que l'envie lui a suscitées, mais récompense capable d'échauffer la jeunesse et de l'encourager à s'élever dans la carrière que ce grand génie a parcourue, et où d'autres génies peuvent trouver encore à glaner. J'ai aimé dès mon enfance les arts, les lettres et les sciences ; et lorsque je puis contribuer à leurs progrès, je m'y porte avec toute l'ardeur dont je suis capable, parce que dans ce monde il n'y a point de vrai bonheur sans elles. Vous autres qui vous trouvez à Paris dans le vestibule de leur temple, vous qui en êtes les desservants, vous pouvez jouir de ce bonheur inaltérable, pourvu que vous empêchiez l'envie et la cabale d'en approcher.....

DU ROI

Postdam, le 30 octobre 1770.

Une mitte qui végète dans le nord de l'Allemagne est un mince sujet d'entretien pour des philosophes qui discutent des mondes divers flottant dans l'espace de l'infini, du principe et du mouvement de la vie, du temps et de l'éternité de l'esprit et de la matière, des choses possibles et de celles qui ne sont pas. J'appréhende fort que cette mitte n'ait distrait ces deux

grands philosophes d'objets plus impor-
tants et plus dignes de les occuper. Les empereurs ainsi que les rois disparaissent dans
l'immense tableau que la nature offre aux
yeux des spéculateurs. Vous qui réunissez
tous les genres, vous descendez quelquefois de l'empirée ; tantôt Anaxagore, tantôt
Triptolème, vous quittez le Portique pour
l'agriculture, et vous offrez sur vos terres
un asile aux malheureux. Je préférerais
bien la colonie de Ferney dont Voltaire est
le législateur, à celle des quakers de Phi-
ladelphie, auxquels Locke donna des lois.

Nous avons ici des fugitifs d'une autre
espèce ; ce sont des Polonais qui, redoutant les déprédations, le pillage et les
cruautés de leurs compatriotes, ont cher-
ché un asile sur mes terres. Il y plus de
cent vingt familles nobles qui se sont
expatriées pour attendre des temps plus
tranquilles et qui leur permettent le retour
chez eux. Je m'aperçois de plus en plus
que les hommes se ressemblent d'un bout
de notre globe à l'autre, qu'ils se persécu-
tent et se troublent mutuellement, autant
qu'il est en eux : leur félicité, leur unique
ressource, est en quelques bonnes âmes
qui les recueillent et les consolent de leurs
adversités.....

DU ROI

A Berlin, le 29 janvier 1771.

J'ai reçu en même temps ces *Questions
encyclopédiques*, qu'on pourrait appeler à
plus juste titre, *Instructions encyclopédiques*.
Cet ouvrage est plein de choses. Quelle
variété ! que de connaissances, de profon-
deur ! et quel art pour traiter tant de su-

jets avec le même agrément ! Si je me servais du style précieux, je pourrais dire qu'entre vos mains tout se convertit en or.

Je vous dois encore des remercîments au nom des militaires pour le détail que vous donnez des évolutions d'un bataillon. Quoique je vous connusse grand littérateur, grand philosophe, grand poète, je ne savais pas que vous joignissiez à tant de talents les connaissances d'un grand capitaine. Les règles que vous donnez de la tactique sont une marque certaine que vous jugez cette fièvre intermittente des rois, la guerre, moins dangereuse que de certains auteurs ne la représentent.

Mais quelle circonspection édifiante dans les articles qui regardent la foi ! Vos protégés les *Pediculosi* en auront été ravis ; la Sorbonne vous agrégera à son corps, le Très Chrétien (s'il lit) bénira le ciel d'avoir un gentilhomme de la chambre aussi orthodoxe ; et l'évêque d'Orléans vous assignera une place auprès d'Abraham, d'Isaac et de Jacob. A coup sûr vos reliques feront des miracles, et l'*inf*.... célébrera son triomphe.

Où donc est l'esprit philosophique du dix-huitième siècle, si les philosophes, par ménagement pour leurs lecteurs, osent à peine leur laisser entrevoir la vérité? Il faut avouer que l'auteur du *Système de la nature* a trop impudemment cassé les vitres. Ce livre a fait beaucoup de mal : il a rendu la philosophie odieuse par de certaines conséquences qu'il tire de ses principes. Et peut-être à présent faut-il de la douceur et du ménagement pour réconcilier avec la philosophie les esprits que cet auteur avait effarouchés et révoltés.

Il est certain qu'à Pétersbourg on se scandalise moins qu'à Paris, et que la vérité n'est point rejetée du trône de votre souveraine, comme elle l'est chez le vulgaire de nos princes. Mon frère Henri se trouve actuellement à la cour de cette princesse. Il ne cesse d'admirer les grands établissements qu'elle a faits, et les soins qu'elle se donne de décrasser, d'élever et d'éclairer ses sujets.

Je ne sais ce que vos ingénieurs sans génie ont fait aux Dardanelles : ils sont peut-être cause de l'exil de Choiseul. A l'exception du cardinal de Fleury, Choiseul a tenu plus longtemps qu'aucun autre ministre de Louis XV. Lorsqu'il était ambassadeur à Rome, Benoît XIV le définissait un fou qui avait bien de l'esprit. On dit que les parlements et la noblesse le regrettent et le comparent à Richelieu : en revanche, ses ennemis disent que c'était un boute-feu qui aurait embrasé l'Europe. Pour moi, je laisse raisonner tout le monde. Choiseul n'a pu me faire ni bien ni mal : je ne l'ai point connu ; et je me repose sur les grandes lumières de votre monarque pour le choix et le renvoi de ses ministres et de ses maîtresses. Je ne me mêle que de mes affaires et du carnaval qui dure encore.

Nous avons un bon Opéra ; et, à l'exception d'une seule actrice, mauvaise comédie. Vos histrions welches se vouent tous à l'opéra-comique ; et des platitudes mises en musique sont chantées par des voix qui hurlent et détonnent à donner des convulsions aux assistants. Durant les beaux jours du siècle de Louis XIV, ce spectacle n'aurait pas fait fortune. Il passe pour bon dans ce siècle de petitesses, où le génie est aussi rare que le bon sens, où la médiocrité en tout genre annonce le mauvais goût qui probablement replongera l'Europe dans une espèce de barbarie dont une foule de grands hommes l'avaient tirée.

Tant que nous conserverons Voltaire, il n'y aura rien à craindre ; lui seul est l'Atlas qui soutient par ses forces cet édifice ruineux. Son tombeau sera celui du bon goût et des lettres. Vivez donc, vivez, et rajeunissez, s'il est possible : ce sont les vœux de toutes les personnes qui s'intéressent à la belle litérature, et principalement les miens. FÉDÉRIC.

DE M. DE VOLTAIRE

A Ferney, 15 février 1771.

Sire, tandis que vos bontés me donnent les louanges qui me sont si légitimement dues sur mon orthodoxie et sur mon tendre amour pour la religion catholique, apostolique et romaine, j'ai bien peur que mon zèle ardent ne soit pas approuvé par les principaux membres de notre sanhédrin infaillible. Ils prétendent que je me mets à genoux devant eux pour leur donner des croquignoles, et que je les rends ridicules avec tout le respect possible. J'ai beau leur citer la belle préface d'un grand homme, qui est au devant d'une histoire de l'Église très édifiante, ils ne reçoivent point mon excuse ; ils disent que ce qui est très bon dans le vainqueur de Rosbach et de Lissa, n'est pas tolérable dans un pauvre diable qui n'a qu'une chaumière entre un lac et une montagne, et que, quand je serais sur la montagne du Thabor en habits blancs, je ne viendrais pas à bout de leur ôter la pourpre dont ils sont revêtus. Nous connaissons, disent-ils, vos mauvais sentiments et vos mauvaises plaisanteries. Vous ne vous êtes pas contenté de servir un hérétique, vous vous êtes attaché depuis peu à un schismatique, et si on vous en croyait, le pouvoir du pape et celui du grand-turc seraient bientôt resserrés dans des bornes fort étroites.

Vous ne croyez point aux miracles, mais sachez que nous en faisons. C'en est déjà un fort grand que nous ayons engagé votre héros hérétique à protéger les jésuites.

C'en est un plus grand encore, que notre nonce en Pologne ait déterminé les Mahométans à faire la guerre à l'empire chrétien de Russie ; ce nonce, en cas de besoin, aurait béni l'étendard du grand prophète Mahomet. Si les Turcs ont toujours été battus, ce n'est pas notre faute, nous avons toujours prié Dieu pour eux.

On nous rendra peut-être bientôt Avignon, malgré tous vos quolibets ; nous rentrerons dans Bénévent, et nous aurons toujours un temporel très royal pour ressembler à Jésus-Christ notre Sauveur, qui n'avait pas où reposer sa tête. Tâchez de régler la vôtre qui radote, et recevez notre malédition sous l'anneau du pêcheur.

Voilà, Sire, comme on me traite, et je n'ai pas un mot à répliquer. Si je suis excommunié, j'en appellerai à mon héros, à Julien, à Marc-Aurèle ses devanciers, et j'espère que leurs aigles ou romaines ou prussiennes (c'est la même chose) me couvriront de leurs ailes. Je me mets sous leur protection dans ce monde, en attendant que je sois damné dans l'autre.

J'ai envoyé un petit paquet à monseigneur le prince royal, je ne sais s'il l'a reçu.

Je me mets aux pieds de mon héros avec autant de respect que d'attachement. *Le vieux malade du mont Jura.*

DE M. DE VOLTAIRE

A Ferney, 1er mars 1771.

Sire, il n'est pas juste que je vous cite comme un de nos grands auteurs sans vous soumettre l'ouvrage dans lequel je prends cette liberté : j'envoie donc à Votre Majesté l'Épître contre Moustapha. Je suis toujours acharné contre Moustapha et Fréron. L'un étant un infidèle, je suis sûr de faire mon salut en lui disant des injures ; et l'autre étant un sot et un très mauvais écrivain, il est de plein droit un de mes justiciables.

Il n'y a rien à mon gré de si étonnant, depuis les aventures de Rosbach et de Lissa, que de voir mon impératrice envoyer du fond du Nord quatre flottes aux Dardanelles. Si Annibal avait entendu parler d'une pareille entreprise, il aurait compté son voyage des Alpes pour bien peu de chose.

Je haïrai toujours les Turcs oppresseurs de la Grèce, quoiqu'ils m'aient demandé depuis peu des montres de ma colonie. Quels plats barbares ! Il y a soixante ans qu'on leur envoie des montres de Genève, et ils n'ont pas su encore en faire : ils ne savent pas même les régler.

Je suis toujours très fâché que Votre Majesté et l'empereur des Vénitiens ne se soient pas entendus avec mon impératrice pour chasser ces vilains Turcs de l'Europe: c'eût été la besogne d'une seule campagne; vous auriez partagé chacun également.

C'est un axiome de géométrie qu'ajoutant choses égales à choses égales, les touts sont égaux ; ainsi vous seriez demeurés précisément dans la situation où vous êtes.

Je persiste toujours à croire que cette guerre était bien plus raisonnable que celle de 1756, qui n'avait pas le sens commun ; mais je laisse là ma politique qui n'en a pas davantage, pour dire à Votre Majesté que j'espère faire ma cour après Pâques, dans mon ermitage, aux princes de Suède vos neveux, dont tout Paris est enchanté. On parle beaucoup plus d'eux que du Parlement. Deux princes aimables font toujours plus d'effet que cent quatre-vingts pédants en robe.

On m'a dit que d'Argens est mort : j'en suis très fâché ; c'était un impie très utile à la bonne cause, malgré tout son bavardage.

À propos de la bonne cause, je me mets toujours à vos pieds et sous votre protection. On me reprochera peut-être de n'être pas plus attaché à Ganganelli qu'à Moustapha ; je répondrai que je le suis à Frédéric le Grand et à Catherine la Surprenante.

Daignez, Sire, me conserver vos bontés pour le temps qui me reste encore à faire de mauvais vers en ce monde. *Le vieux ermite des Alpes.*

DU ROI

A Sans-Souci, le 18 novembre 1771.

..... Je vous ai mille obligations des sixième et septième tomes de votre *Encyclopédie*, que j'ai reçus. Si le style de Voiture était encore à la mode, je vous dirais que le père des Muses est l'auteur de cet ouvrage; et que l'approbation est signée du dieu du Goût. J'ai été fort surpris d'y trouver mon nom, que par charité vous y avez mis. J'y ai trouvé quelques paraboles moins obscures que celles de l'Évangile, et je me suis applaudi de les avoir expliquées. Cet ouvrage est admirable, et je vous exhorte à le continuer. Si c'était un discours académique, assujetti à la revision de la Sorbonne, je serais peut-être d'un autre avis.

Travaillez toujours ; envoyez vos ouvrages en Angleterre, en Hollande, en Allemagne et en Russie : je vous réponds qu'on les y dévorera. Quelque précaution qu'on prenne, ils entreront en France ; et vos Welches auront honte de ne pas approuver ce qui est admiré partout ailleurs.

J'avais un très violent accès de goutte quand vos livres sont arrivés, les pieds et les bras garrottés, enchaînés et perclus: ces livres m'ont été d'une grande ressource. En les lisant, j'ai béni mille fois le ciel de vous avoir mis au monde.

Pour vous rendre compte du reste de mes occupations, vous saurez qu'à peine eus-je recouvré l'articulation de la main droite, que je m'avisai de barbouiller du papier ; non pour éclairer l'Europe, non pour instruire le public et l'Europe qui a les yeux très ouverts, mais pour m'amuser. Ce ne sont pas les victoires de Catherine que j'ai chantées, mais les folies des confédérés. Le badinage convient mieux à un convalescent que l'austérité du style majestueux. Vous en verrez un échantillon. Il y a six chants. Tout est fini ; car une maladie de cinq semaines m'a donné le temps de rimer et de corriger tout à mon aise. C'est vous ennuyer assez que deux chants de lecture que je vous prépare.....

DE M. DE VOLTAIRE.

A Ferney, le 6 décembre 1771.

Sire, je n'ai jamais si bien compris qu'on peut pleurer et rire dans le même jour. J'étais tout plein et tout attendri de l'horrible attentat commis contre le roi de Pologne, qui m'honore de quelque bonté. Ces mots, qui dureront à jamais, *vous êtes pourtant mon roi, mais j'ai fait serment de vous tuer*, m'arrachaient des larmes d'horreur, lorsque j'ai reçu votre lettre et votre très philosophique poème, qui dit si plaisamment les choses du monde les plus vraies. Je me suis mis à rire malgré moi, malgré mon effroi et ma consternation. Que vous peignez bien le diable et les prêtres, et surtout cet évêque, premier auteur de tout le mal!

Je vois bien que quand vous fîtes ces deux premiers chants, le crime infâme des confédérés n'avait point encore été commis. Vous serez forcé d'être aussi tragique dans le dernier chant que vous avez été gai dans les autres que Votre Majesté a bien voulu m'envoyer. Malheur est bon à quelque chose, puisque la goutte vous a fait composer un ouvrage si agréable. Depuis Scarron, on ne faisait point de vers si plaisants au milieu des souffrances. Le roi de la Chine ne sera jamais si drôle que Votre Majesté, et je défie Moustapha d'en approcher.

N'ayez plus la goutte, mais faites souvent des vers à Sans-Souci dans ce goût-là. Plus vous serez gai, plus longtemps vous vivrez : c'est ce que je souhaite passionnément pour vous, pour mon héroïne, et pour moi chétif.

Je pense que l'assassinat du roi de Pologne lui fera beaucoup de bien. Il est impossible que les confédérés, devenus en horreur au genre humain, persistent dans une faction si criminelle. Je ne sais si je me trompe, mais il me semble que la paix de la Pologne peut naître de cette exécrable aventure.

Je suis fâché de vous dire que voilà cinq têtes couronnées assassinées en peu de temps dans notre siècle philosophique. Heureusement, parmi tous ces assassins, il se trouve des Malagrida, et pas un philosophe. On dit que nous sommes des séditieux ; que sera donc l'évêque de Kiovie ? On dit que les conjurés avaient fait serment sur une image de la sainte Vierge, après avoir communié. J'ose supplier instamment Votre Majesté, si ingénieuse et si diabolique, de daigner m'envoyer quelques détails bien vrais de cet étrange événement, qui devrait bien ouvrir les yeux à une partie de l'Europe. Je prends la liberté de recommander à vos bontés l'abbaye d'Oliva.

Je me mets à vos pieds (pourvu qu'ils n'aient plus la goutte) avec le plus profond respect et le plus grand ébahissement de tout ce que je viens de lire.

DU ROI

A Berlin, le 12 janvier 1772.

Je conviens que je me suis imposé l'obligation de vous instruire sur le sujet des Confédérés que j'ai chantés, comme vous avez été obligé d'exposer les anecdotes de

la Ligue, afin de répandre tous les éclaircissements nécessaires sur *la Henriade*.

Vous saurez donc que mes Confédérés,
moins braves que vos Ligueurs, mais aussi
fanatiques, n'ont pas voulu leur céder en
forfaits. L'horrible attentat entrepris et
manqué contre le roi de Pologne s'est
passé, à la communion près, de la manière
qu'il est détaillé dans les gazettes. Il est
vrai que le misérable qui a voulu assassiner le roi de Pologne en avait prêté le serment à Pulawski, maréchal de confédéra-
tion, devant le maître-autel de la Vierge à
Czenstokova. Je vous envoie des papiers
publics, qui peut-être ne se répandent pas
en Suisse, où vous trouverez cette scène
tragique détaillée avec les circonstances
exactement conformes à ce que mon ministre à Varsovie en a marqué dans sa rela-
tion. Il est vrai que mon poème (si vous
voulez l'appeler ainsi) était achevé lorsque
cet attentat se commit ; je ne le jugeai pas
propre à entrer dans un ouvrage où règne
d'un bout à l'autre un ton de plaisanterie
et de gaieté. Cependant je n'ai pas voulu
non plus passer cette horreur sous silence,
et j'en ai dit deux mots en passant, au
commencement du cinquième chant ; de
sorte que cet ouvrage badin, fait uniquement pour m'amuser, n'a pas été défiguré
par un morceau tragique qui aurait juré
avec le reste.

Il semble que pour détourner mes yeux
des sottises polonaises et de la scène atroce
de Varsovie, ma sœur la reine de Suède ait
pris ce temps pour venir revoir ses parents,
après une absence de vingt-huit années. Son
arrivée a ranimé toute la famille ; je m'en suis
cru de dix ans plus jeune. Je fais mes efforts
pour dissiper les regrets qu'elle donne à la

perte d'un époux tendrement aimé, en lui
procurant toutes les sortes d'amusements
dans lesquels les arts et les sciences peuvent avoir la plus grande part. Nous avons
beaucoup parlé de vous. Ma sœur trouvait
que vous manquiez à Berlin : je lui ai répondu qu'il y avait treize ans que je m'en
apercevais. Cela n'a pas empêché que nous
n'ayons fait des vœux pour votre conservation ; et nous avons conclu, quoique nous
ne vous possédions pas, que vous n'en
étiez pas moins nécessaire à l'Europe.

Laissez donc à la Fortune, à l'Amour, à
Plutus, leur bandeau : ce serait une contradiction que celui qui éclaira si longtemps l'Europe fût aveugle lui-même. Voilà
peut-être un mauvais jeu de mots ; j'en fais
amende honorable au dieu du Goût qui siège
à Ferney ; je le prie de m'inspirer, et d'être
assuré qu'en fait de belles lettres, je crois
ses décisions plus infaillibles que celles de
Ganganelli pour les articles de foi. *Vale.*
FÉDÉRIC.

DE M. DE VOLTAIRE

A Ferney, 1ᵉʳ février 1772.

Sire, mon cœur, quoique bien vieux, est
tout aussi sensible à vos bontés que s'il
était jeune. Vos troisième et quatrième
chants m'ont presque guéri d'une maladie
assez sérieuse ; vos vers ne le sont pas. Je
m'étonne toujours que vous ayez pu faire
quelque chose d'aussi gai sur un sujet si
triste. Ce que Votre Majesté dit des Confédérés dans sa lettre inspire l'indignation
contre eux autant que vos vers inspirent
de gaieté. Je me flatte que tout ceci finira
heureusement pour le roi de Pologne et
pour Votre Majesté. Quand vous n'auriez

que six villes pour vos six chants, vous n'auriez pas perdu votre papier et votre encre.

La reine de Suède ne gagnera rien aux dissensions polonaises, mais elle augmentera le bonheur de son frère et le sien. Permettez que je la remercie des bontés dont vous m'apprenez qu'elle daigne m'honorer, et que je mette mes respects pour elle dans votre paquet.....

DE M. DE VOLTAIRE

A Ferney, le 4 septembre 1772.

Sire, si votre vieux baron a bien dansé à l'âge de quatre-vingt-six ans, je me flatte que vous danserez mieux que lui à cent ans révolus. Il est juste que vous dansiez longtemps au son de votre flûte et de votre lyre, après avoir fait danser tant de monde, soit en cadence, soit hors de cadence, au son de vos trompettes. Il est vrai que ce n'est pas la coutume des gens de votre espèce de vivre longtemps. Charles XII, qui aurait été un excellent capitaine dans un de vos régiments; Gustave-Adolphe, qui eût été un de vos généraux; Valstein, à qui vous n'eussiez pas confié vos armées; le grand-électeur, qui était plutôt un précurseur de grand : tout cela n'a pas vécu âge d'homme. Vous savez ce qui arriva à César, qui avait autant d'esprit que vous, et à Alexandre, qui devint ivrogne, n'ayant plus rien à faire; mais vous vivrez longtemps, malgré vos accès de goutte, parce que vous êtes sobre, et que vous savez tempérer le feu qui vous anime, et empêcher qu'il vous dévore.

Je suis fâché que Thorn n'appartienne

point à Votre Majesté, mais je suis bien aise que le tombeau de Copernic soit sous votre domination. Elevez un gnomon sur sa cendre, et que le soleil, remis par lui à sa place, le salue tous les jours à midi de ses rayons joints aux vôtres.

Je suis très touché qu'en honorant les morts, vous protégiez les malheureux vivants qui le méritent. Morival doit être à Vesel, lieutenant dans un de vos régiments : son véritable nom n'est point Morival, c'est d'Etallonde ; il est fils d'un président d'Abbeville. Copernic n'aurait été qu'excommunié, s'il avait survécu au livre où il démontra le cours des planètes et de la terre autour du soleil ; mais d'Etallonde, à l'âge de quinze ans, a été condamné par des Iroquois d'Abbeville à la torture ordinaire et extraordinaire, à l'amputation du poing et de la langue, et à être brûlé à petit feu avec le chevalier de La Barre, petit-fils d'un lieutenant-général de nos armées, pour n'avoir pas salué des capucins, et pour avoir chanté une chanson ; et un Parlement de Paris a confirmé cette sentence, pour que les évêques de France ne leur reprochassent plus d'être sans religion : ces messieurs du Parlement se firent assassins afin de passer pour chrétiens.

Je demande pardon aux Iroquois de les avoir comparés à ces abominables juges, qui méritaient qu'on les écorchât sur leurs bancs semés de fleurs de lis, et qu'on étendît leur peau sur ces fleurs. Si d'Etallonde, connu dans vos troupes sous le nom de Morival, est un garçon de mérite, comme on me l'assure, daignez le favoriser. Puisse-t-il venir un jour dans Abbeville, à la tête d'une compagnie, faire trembler ses détestables juges, et leur pardonner !

Le jugement que vous portez sur l'œuvre posthume d'Helvétius ne me surprend pas: je m'y attendais : vous n'aimez que le vrai. Son ouvrage est plus capable de faire du tort que du bien à la philosophie ; j'ai vu avec douleur que ce n'était que du fatras, un amas indigeste de vérités triviales et de faussetés reconnues. Une vérité assez triviale, c'est la justice que l'auteur vous rend ; mais il n'y a plus de mérite à cela. On trouve d'ailleurs dans cette compilation irrégulière beaucoup de petits diamants brillants semés çà et là. Ils m'ont fait grand plaisir, et m'ont consolé des défauts de tout l'ensemble.....

DU ROI

A Potsdam, 24 octobre 1772.

S'il m'est interdit de vous revoir à tout jamais, je n'en suis pas moins aise que la duchesse de Virtemberg vous ait vu. Cette façon de converser par procuration ne vaut pas le *à facie ad faciem*. Des relations et des lettres ne tiennent pas lieu de Voltaire, quand on l'a possédé en personne.

J'applaudis aux larmes vertueuses que vous avez répandues au souvenir de ma défunte sœur. J'aurais sûrement mêlé les miennes aux vôtres si j'avais été présent à cette scène touchante. Soit faiblesse, soit adulation outrée, j'ai exécuté pour cette sœur ce que Cicéron projetait pour sa Tullie. Je lui ai érigé un temple dédié à l'amitié ; sa statue se trouve au fond, et chaque colonne est chargée d'un mascaron contenant le buste des héros de l'amitié. Je vous en envoie le dessin. Ce temple est placé dans un des bosquets de mon jardin.

J'y vais souvent me rappeler mes pertes,
le bonheur dont je jouissais autrefois.

Il y a plus d'un mois que je suis de re
tour de mes voyages. J'ai été en Prusse
abolir le servage, réformer des lois bar
bares, en promulguer de plus raisonn
bles, ouvrir un canal qui joint la Vistule
la Netze, la Varte, l'Oder et l'Elbe, rebât
des villes détruites depuis la peste de 17
défricher vingt milles de marais, et établi
quelque police dans un pays où ce nom
même était inconnu. De là j'ai été en Silé
sie consoler mes pauvres ignatiens des ri
gueurs de la cour de Rome, corroborer leu
ordre, en former un corps de diverses pro
vinces où je les conserve, et les rendr
utiles à la patrie en dirigeant leurs écoles
pour l'instruction de la jeunesse, à laquell
ils se voueront entièrement. De plus, j'a
arrangé la bâtisse de soixante village
dans la Haute-Silésie, où il restait de
terres incultes : chaque village a vingt fa
milles. J'ai fait faire de grands chemins
dans les montagnes pour la facilité du
commerce, et rebâtir deux villes brûlées
elles étaient de bois ; elles seront de bri
ques, et même de pierres de taille, tiré
des montagnes.

Je ne vous parle point des troupes : cette
matière est trop prohibée à Ferney pou
que je la touche.

Vous sentirez qu'en faisant tout cela, j
n'ai pas été les bras croisés.

A propos de croisés, ni l'empereur ni m
ne nous croiserons contre le Croissant ;
n'y a plus de reliques à remporter de Jéru
salem. Nous espérons que la paix se fer
peut-être cet hiver ; et d'ailleurs nous a
mons le proverbe qui dit : Il faut vivre
laisser vivre. A peine y a-t-il dix ans qu

s, en paix dure; il faut la conserver autant qu'on le pourra sans risque, et ni plus ni moins se mettre en état de n'être pas pris au dépourvu par quelque chef de brigands, conducteur d'assassins à gage.

Ce système n'est ni celui de Richelieu ni celui de Mazarin; mais il est celui du bien des peuples, objet principal des magistrats qui les gouvernent.

Je vous souhaite cette paix accompagnée de toutes les prospérités possibles, et j'espère que le patriarche de Ferney n'oubliera pas le philosophe de Sans-Souci, qui admire et admirera son génie jusqu'à extinction de chaleur humaine. *Vale.* FÉDÉRIC.

DE M. DE VOLTAIRE

A Ferney, 28 octobre 1772

Monsieur Guibert, votre écolier
Dans le grand art de la tactique,
A vu ce bel esprit guerrier
Que tout prince aujourd'hui se pique
D'imiter, sans lui ressembler,
Et que tout héros, germanique,
Espagnol, gaulois, britannique,
Vainement voudrait égaler.
Monsieur Guibert est véridique :
Il dit qu'il a lu dans vos yeux
Toute votre histoire héroïque,
Quoique votre bouche s'applique
A la cacher aux curieux.
Vous vous obstinez à vous taire
Sur tant de travaux glorieux;
Et l'Europe fait beaucoup mieux;
Car elle fait tout le contraire.

Ce M. Guibert, Sire, fait comme l'Europe; il parle de Votre Majesté avec enthousiasme. Il dit qu'il vous a trouvé en état de faire vingt campagnes; Dieu nous en préserve! mais accordez-vous donc avec

lui ; car il dit que vous avez un corps digne
de votre âme, et vous prétendez que non
il est vrai qu'il vous a contemplé principalement des jours de revue ; et ces jours-là
vous pourriez bien vous rengorger et vous
requinquer, comme une belle à son miroir.

Je ne vous proposais pas, Sire, vingt
campagnes, je n'en proposais qu'une ou
deux ; et encore c'était contre les ennemis
de Jésus-Christ et de tous les beaux-arts.
Je disais : Il protège les jésuites, il proté-
gera bien la Vierge Marie contre Mahomet,
et la bonne Vierge lui donnera sans doute
deux ou trois belles provinces à son choix
pour récompense d'une si sainte action.

Je viens de relire l'article *Guerre*, dont
Votre Majesté pacifique a la bonté de me
parler : il est vraiment un peu insolent par
excès d'humanité ; mais je vous prie de
considérer que toutes ces injures ne peuvent tomber que sur les Turcs, qui sont
venus du bord oriental de la mer Cas-
pienne jusqu'auprès de Naples, et qui, chemin faisant, se sont emparés des lieux
saints, et même du tombeau de Jésus-
Christ qui ne fut jamais enterré. En un
mot, je ressemblais comme deux gouttes
d'eau à ce fou de Pierre l'Ermite, qui prê-
chait la croisade. L'empereur des Romains
que vous aimez, et qui se regarde comme
votre disciple, ne pouvait se plaindre de
moi ; je lui donnais d'un trait de plume un
très beau royaume. On aurait pu, avant
qu'il fût dix ans, jouer un opéra grec à
Constantinople. Dieu n'a pas béni mes intentions, toutes chrétiennes qu'elles étaient ;
du moins les philosophes vous béniront
d'ériger un mausolée à Copernic, dans le
temps que votre ami Moustapha fait enseigner la philosophie d'Aristote à Stamboul.

Vous ne voulez point rebâtir Athènes, mais vous élevez un monument à la raison et au génie.

Quand je vous suppliais d'être le restaurateur des beaux-arts de la Grèce, ma prière n'allait pas jusqu'à vous conjurer de rétablir la démocratie athénienne ; je n'aime point le gouvernement de la canaille. Vous auriez donné le gouvernement de la Grèce à M. de Lentulus, ou à quelque autre général qui aurait empêché les nouveaux Grecs de faire autant de sottises que leurs ancêtres. Mais enfin j'abandonne tous mes projets. Vous préférez le port de Dantzick à celui du Pirée : je crois qu'au fond Votre Majesté a raison, et que, dans l'état où est l'Europe, ce port de Dantzick est bien plus important que l'autre.

Je ne sais plus quel royaume je donnerai à l'impératrice Catherine II, et franchement, je crois que dans tout cela vous en savez plus que moi, et qu'il faut s'en rapporter à vous. Quelque chose qui arrive, vous aurez toujours une gloire immortelle. Puisse votre vie en approcher !

DE M. DE VOLTAIRE

A Ferney, 17 novembre 1772.

Sire, quelques petits avant-coureurs que la nature envoie quelquefois aux gens de quatre-vingt et un ans, ne m'ont pas permis de vous remercier plus tôt d'une lettre charmante, remplie des plus jolis vers que vous ayez jamais faits ; ni roi, ni homme ne vous ressemble : je ne suis pas assurément en état de vous rendre vers pour vers.

Muses, que je me sens confondre!
Vous daignez encor m'inspirer

L'esprit qu'il faut pour l'admirer,
Mais non celui de lui répondre.

Je puis du moins répondre à Votre Majesté que mon cœur est pénétré des bontés
que vous daignez témoigner pour ce pauvre Morival. Je voudrais qu'il pût au milieu
de nos neiges lever le plan du pays que
vous lui avez permis d'habiter ; Votre Majesté verrait combien il s'est formé, en
très peu de temps, dans un art nécessaire
aux bons officiers, et très rare, dont il n'a-
vait pas la plus légère connaissance ; vous
serez touché de sa reconnaissance et du zèle
avec lequel il consacre ses jours à votre
service. Son extrême sagesse m'étonne
toujours : on a dessein de faire revoir son
procès, qu'on ne lui a fait que par contu-
mace ; ce parti me paraît plus convenable
et plus noble que celui de demander grâce.
Car enfin grâce suppose crime, et assurément il n'est point criminel ; on n'a rien
prouvé contre lui. Cela demandera un peu
de temps, et il se peut très bien que je
meure avant que l'affaire soit finie ; mais
j'ai légué cet infortuné à M. d'Alembert
qui réussira mieux que je n'aurais pu
faire.

J'ose croire qu'il ne serait peut-être pas
de votre dignité qu'un de vos officiers restât avec le désagrément d'une condamna-
tion qui a toujours dans le public quelque
chose d'humiliant, quelque injuste qu'elle
puisse être. En vérité, c'est une de vos
belles actions de protéger un jeune homme
si estimable et si infortuné : vous secour-
rez à la fois l'innocence et la raison ; vous
apprendrez aux Welches à détester le fanatisme, comme vous leur avez appris le
métier de la guerre, supposé qu'ils l'aient

ppris. Vous avez toutes les sortes de
loire : c'en est une bien grande de proté-
r l'innocence à trois cents lieues de chez
moi.

Daignez agréer, Sire, le respect, la reconnaissance, l'attachement d'un vieillard
qui mourra avec ces sentiments.

DE M. DE VOLTAIRE

A Ferney, 22 décembre 1772.

Sire, en recevant votre jolie lettre et vos
jolis vers, du 6 décembre, en voici que je
reçois de Thiriot, votre feu nouvelliste, qui
ne sont pas si agréables :

C'en est fait, mon rôle est rempli,
Je n'écrirai plus de nouvelles;
Le pays du fleuve d'oubli
N'est pas pays de bagatelles.
Les morts ne me fournissent rien.
Soit pour les vers, soit pour la prose
Ils sont d'un fort sec entretien,
Et font toujours la même chose.
Cependant ils savent fort bien
De Frédéric toute l'histoire,
Et que ce héros prussien
A dans le temple de Mémoire
Toutes les espèces de gloire;
Excepté celle de chrétien.
De sa très éclatante vie
Ils savent tous les plus beaux traits,
Et surtout ceux de son génie;
Mais ils ne m'en parlent jamais.
Salomon eut raison de dire
Que Dieu fait en vain ses efforts
Pour qu'on le loue en cet empire;
Dieu n'est point loué par les morts.
On a beau dire, on a beau faire,
Pour trouver l'immortalité,
Ce n'est rien qu'une vanité,
Et c'est aux vivants qu'il faut plaire.

Les seules lettres, sire, que vous dictez

à M. de Catt mériteraient cette immortalité; mais vous savez mieux que personne
que c'est un château enchanté qu'on voit
de loin, et dans lequel on n'entre pas.

Que nous importe, quand nous ne sommes plus, ce qu'on fera de notre chétif
corps, et de notre prétendue âme, et ce
qu'on en dira? cependant cette illusion nous
séduit tous, à commencer par vous sur votre
trône, et à finir par moi sur mon grabat au
pied du mont Jura.

Il est portant clair qu'il n'y a que le
déiste ou l'athée auteur de l'*Ecclésiaste*, qui
ait raison : il est bien certain qu'un lion
mort ne vaut pas un chien vivant; qu'il
faut jouir, et que tout le reste est folie.

Il est bien plaisant que ce petit livre
tout épicurien, ait été sacré parmi nous
parce qu'il est juif.

Vous prendrez sans doute contre moi le
parti de l'immortalité, vous défendrez votre
bien. Vous direz que c'est un plaisir dont
vous jouissez pendant votre vie; vous vous
faites déjà dans votre esprit une image
très plaisante de la comparaison qu'on fera
de vous avec un de vos confrères, par exemple, avec Moustapha. Vous riez en voyant
ce Moustapha, ne se mêlant de rien que de
coucher avec ses odalisques qui se mo-
quent de lui, battu par une dame née dans
votre voisinage, trompé, volé, méprisé par
ses ministres, ne sachant rien, ne se connaissant à rien. J'avoue qu'il n'y aura point
dans la postérité de plus énorme contraste
mais j'ai peur que ce gros cochon, s'il se
porte bien, ne soit plus heureux que vous.
Tâchez qu'il n'en soit rien; ayez autant de
santé et de plaisir que de gloire, l'année
1773, et cinquante autres années suivantes
si faire se peut; et que Votre Majesté

conserve ses bontés pour les minutes que j'ai encore à vivre au pied des Alpes. Ce n'est pas là que j'aurais voulu vivre et mourir.

La volonté de sa sacrée majesté le Hasard soit faite

DU ROI

A Potsdam, le 3 janvier 1773.

Que Thiriot a de l'esprit,
Depuis que le trépas en a fait un squelette !
Mais lorsqu'il végétait dans ce monde maudit,
Du Parnasse français composant la gazette,
    Il n'eut ni gloire ni credit.
Maintenant il parait, par les vers qu'il écrit,
Un philosophe, un sage, autant qu'un grand poète.
Aux bords de l'Achéron où son destin le jette,
    Il a trouvé tous les talents
    Qu'une fatalité bizarre
Lui dénia toujours lorsqu'il en était temps.
Pour les lui prodiguer au fin fond du Ténare.
Enfin, les trépassés et tous nos sots vivants
Pourront donc aspirer à briller comme à plaire,
S'ils sont assez adroits, avisés et prudents
    De choisir pour leur secrétaire
    Homère, Virgile ou Voltaire.

Solon avait donc raison : on ne peut juger du mérite d'un homme qu'après sa mort. Au lieu de m'envoyer souvent un fatras non lisible d'extraits de mauvais livres, Thiriot aurait dû me régaler de tels vers, devant lesquels les meilleurs qu'il m'arrive de faire baissent le pavillon. Apparemment qu'il méprisait la gloire au point qu'il dédaignait d'en jouir. Cette philosophie ascétique surpasse, je l'avoue, mes forces. Il est très vrai qu'en examinant ce que c'est que la gloire, elle se réduit à peu de chose. Etre jugé par des ignorants et esti-

mé par des imbéciles, entendre prononcer
son nom par une populace qui approuve,
rejette, aime ou hait sans raison, ce n'est
pas de quoi s'enorgueillir. Cependant, que
deviendraient les actions vertueuses et
louables, si nous ne chérissions pas la
gloire ?

Les dieux sont pour César, mais Caton suit Pompée.

Ce sont les suffrages de Caton que les
honnêtes gens désirent mériter. Tous ceux
qui ont bien mérité de leur patrie, ont été
encouragés dans leurs travaux par le préjugé de la réputation ; mais il est essentiel
pour le bien de l'humanité, qu'on ait une
idée nette et déterminée de ce qui est
louable : on peut donner dans des travers
étranges en s'y trompant.

Faites du bien aux hommes et vous
serez béni : voilà la vraie gloire. Sans doute
que tout ce qu'on dira de nous après notre
mort pourra nous être aussi indifférent que
tout ce qui s'est dit à la construction de la
tour de Babel ; cela n'empêche pas qu'as-
coutumés à exister, nous ne soyons sensibles au jugement de la postérité. Les rois
doivent l'être plus que les particuliers,
puisque c'est le seul tribunal qu'ils aient
à redouter.

Pour peu qu'on soit né sensible, on prétend à l'estime de ses compatriotes : on
veut briller par quelque chose; on ne veut
pas être confondu dans la foule qui végète.
Cet instinct est une suite des ingrédients
dont la nature s'est servie pour nous pé-
trir : j'en ai ma part. Cependant je vous assure qu'il ne m'est jamais venu dans l'esprit de me comparer avec mes confrères
ni avec Moustapha, ni avec aucun autre
ce serait une vanité puérile et bourgeoise.

je ne m'embarrasse que de mes affaires. Souvent pour m'humilier, je me mets en parallèle avec le τὸ καλὸν, avec l'archétype des stoïciens ; et je confesse alors avec Memnon, que des êtres fragiles comme nous ne sont pas formés pour atteindre à la perfection.

Si l'on voulait recueillir tous les préjugés qui gouvernent le monde, le catalogue remplirait un gros in-folio. Contentons-nous de combattre ceux qui nuisent à la société, et ne détruisons pas les erreurs utiles autant qu'agréables.

Cependant quelque goût que je confesse d'avoir pour la gloire, je ne me flatte pas que les princes aient le plus de part à la réputation ; je crois au contraire que les grands auteurs, qui savent joindre l'utile à l'agréable, instruire en amusant, jouiront d'une gloire plus durable, parce que la vie des bons princes se passant tout en action, la vicissitude et la foule des événements qui suivent, effacent les précédents; au lieu que les grands auteurs sont non seulement les bienfaiteurs de leurs contemporains, mais de tous les siècles.

Le nom d'Aristote retentit plus dans les écoles que celui d'Alexandre. On lit et relit plus souvent Cicéron que les *Commentaires de César*. Les bons auteurs du dernier siècle ont rendu le règne de Louis XIV plus fameux que les victoires du conquérant. Les noms de Fra-Paolo, du cardinal Bembo, du Tasse, de l'Arioste, l'emportent sur ceux de Charles-Quint et de Léon X, tout vice-dieu que ce dernier prétendît être. On parle cent fois de Virgile, d'Horace, d'Ovide, pour une fois d'Auguste, et encore est-ce rarement à son honneur. S'agit-il de l'Angleterre, on est bien plus curieux des anecdotes qui regardent les Newton, les Locke, les Shaftesbury, les Milton, les Bolingbroke, que de la cour molle et voluptueuse de Charles II, de la lâche superstition de Jacques II, et de toutes les misérables intrigues qui agitèrent le règne de la reine Anne. De sorte que vous autres précepteurs du genre humain, si vous aspirez à la gloire, votre attente est remplie, au lieu que souvent nos espérances sont trompées, parce que nous ne travaillons que pour nos contemporains, et vous pour tous les siècles.

On ne vit plus avec nous quand un peu de terre a couvert nos cendres ; et l'on converse avec tous les beaux esprits de l'antiquité qui nous parlent par leurs livres.

Nonobstant tout ce que je viens de vous exposer, je n'en travaillerai pas moins pour la gloire, dussé-je crever à la peine, parce qu'on est incorrigible à soixante et un ans, et parce qu'il est prouvé que celui qui ne désire pas l'estime de ses contemporains en est indigne. Voilà l'aveu sincère de ce que je suis, et de ce que la nature a voulu que je fusse.

Si le patriarche de Ferney, qui pense comme moi, juge mon cas un péché mortel, je lui demande l'absolution. J'attendrai humblement ma sentence ; et si même il me condamne, je ne l'en aimerai pas moins.

Puisse-t-il vivre la millième partie de ce que durera sa réputation ; il passera l'âge des patriarches. C'est ce que lui souhaite le philosophe de Sans-Souci. *Vale.* Féderic.

Je fais copier mes lettres, parce que ma main commence à devenir tremblante, et qu'écrivant d'un très petit caractère, cela pourrait fatiguer vos yeux.

DU ROI

A Berlin, le 16 janvier 1773.

Je me souviens que lorsque Milton, dans ses voyages en Italie, vit représenter une assez mauvaise pièce qui avait pour titre *Adam et Eve*, cela réveilla son imagination et lui donna l'idée de son poème du *Paradis perdu*. Ainsi ce que j'aurai fait de mieux par mon persiflage des Confédérés, c'est d'avoir donné lieu à la bonne tragédie que vous allez faire représenter à Paris. Vous me faites un plaisir infini de me l'envoyer; je suis très sûr qu'elle ne m'ennuiera pas. Chez vous le Temps a perdu ses ailes : Voltaire, à soixante-dix ans, est aussi vert qu'à trente. Le beau secret de rester jeune ! vous le possédez seul. Charles-Quint radotait à cinquante ans. Beaucoup de grands princes n'ont fait que radoter toute leur vie. Le fameux Clarke, le célèbre Swift, étaient tombés en enfance; le Tasse, qui pis est, devint fou; Virgile n'atteignit pas vos années, ni Horace non plus; pour Homère, il ne nous est pas assez connu pour que nous puissions décider si son esprit se soutint jusqu'à la fin; mais il est certain que ni le vieux Fontenelle, ni l'éternel Saint-Aulaire ne faisaient pas aussi bien les vers, n'avaient pas l'imagination aussi brillante que le patriarche de Ferney. Aussi enterrera-t-on le Parnasse français avec vous. ....

DE M. DE VOLTAIRE

A Ferney, 22 septembre 1773.

Sire, il faut que je vous dise que j'ai bien senti ces jours-ci, malgré tous mes caprices passés, combien je suis attaché à Votre Majesté et à votre maison. Madame la duchesse de Virtemberg, ayant eu, comme tant d'autres, la faiblesse de croire que la santé se trouve à Lausanne, et que le médecin Tissot la donne à qui la paye, a fait, comme vous savez, le voyage de Lausanne : et moi, qui suis plus véritablement malade qu'elle, et que toutes les princesses qui ont pris Tissot pour Esculape, je n'ai pas eu la force de sortir de chez moi. Madame de Virtemberg, instruite de tous les sentiments que je conserve pour la mémoire de madame la margrave de Bareith, sa mère, a daigné venir dans mon ermitage et y passer deux jours. Je l'aurais reconnue quand même je n'aurais pas été averti ; elle a le tour du visage de sa mère, avec vos yeux.

Vous autres, héros qui gouvernez le monde, vous ne vous laissez pas subjuguer par l'attendrissement ; vous l'éprouvez tout comme nous, mais vous gardez votre décorum. Pour nous autres chétifs mortels, nous cédons à toutes les impressions : je me mis à pleurer en lui parlant de vous et de madame la princesse, sa mère ; et quoiqu'elle soit la nièce du premier capitaine de l'Europe, elle ne put retenir ses larmes. Il me paraît qu'elle a l'esprit et les grâces de votre maison, et que surtout elle vous est plus attachée qu'à son mari. Elle s'en retourne, je crois, à Bareith, où elle trouvera une autre princesse d'un genre différent; c'est mademoiselle Clairon, qui cultive l'histoire naturelle, et qui est la philosophe de monsieur le margrave.....

DE M. DE VOLTAIRE

A Ferney, le 8 novembre 1773.

Sire, la lettre dont Votre Majesté m'a honoré le 22 octobre, est, depuis vingt ans, celle qui m'a le plus consolé ; votre temple aux mânes de votre sœur, *Wilhelminæ sacrum*, est digne de la plus belle antiquité et de vous seul dans le temps présent ; madame la duchesse de Virtemberg versera bien des larmes de tendresse, en voyant le dessin de ce beau monument.

Le canal, les villes rebâties, les marais desséchés, les villages établis, la servitude abolie, sont de Marc-Aurèle ou de Julien. Je dis de Julien, car je le regarde comme le plus grand des empereurs, et je suis toujours indigné contre Labletterie, qui ne l'a justifié qu'à demi, et qui a passé pour impartial, parce qu'il ne lui prodigue pas autant d'injures et de calomnies que Grégoire de Nazianze et Théodoret.

Je vous bénis dans mon village de ce que vous en avez tant bâti : je vous bénis au bord de mon marais de ce que vous en avez tant desséché : je vous bénis avec mes laboureurs de ce que vous en avez tant délivrés d'esclavage, et que vous les avez changés en hommes. Gengis-kan et Tamerlan ont gagné des batailles comme vous, ils ont conquis plus de pays que vous ; mais ils dévastaient, et vous améliorez. Je ne sais s'ils auraient recueilli les jésuites ; mais je suis sûr que vous les

rendrez utiles, sans souffrir qu'ils puissent
jamais être dangereux. On dit qu'Antoine
fit le voyage de Brindes à Rome dans un
char traîné par des lions ; vous attelez des
renards au vôtre, mais vous leur mettez un
frein dans leur gueule ; et, quand il le
faudra, vous leur mettrez le feu au derrière, comme Samson, après les avoir attachés par la queue.

DU ROI

10 décembre 1773.

Madame la landgrave de Darmstadt est
de retour de Pétersbourg. Elle ne tarit
point sur les éloges de l'impératrice et des
choses utiles qu'elle a exécutées, et des
grands projets qu'elle médite encore. Diderot et Grimm y passeront l'hiver. Cette
cour réunit le faste, la magnificence et la
politesse : et l'impératrice surpasse tout le
reste par l'accueil gracieux qu'elle fait aux
étrangers.

Après vous avoir parlé de cette cour,
comment vous entretenir des jésuites ? Ce
n'est qu'en faveur de l'instruction de la
jeunesse que je les ai conservés. Le pape
leur a coupé la queue ; ils ne peuvent plus
servir, comme les renards de Samson, pour
embraser les moissons des Philistins.
D'ailleurs, la Silésie n'a produit ni de père
Guignard ni de Malagrida. Nos Allemands
n'ont pas les passions aussi vives que les
peuples méridionaux.

Si toutes ces raisons ne vous touchent
point, j'en alléguerai une plus forte : j'ai
promis, par la paix de Dresde, que la religion demeurerait *in statu quo* dans mes
provinces. Or j'ai eu des jésuites, donc il

faut les conserver. Les princes catholiques ont tout à propos un pape à leur disposition qui les absout de leurs serments par la plénitude de sa puissance : pour moi, personne ne peut m'absoudre, je suis obligé de garder ma parole, et le pape se croirait pollué s'il me bénissait ; il se ferait couper les doigts avec lesquels il aurait donné l'absolution à un maudit hérétique de ma trempe.....

DU ROI

A Postdam. 19 juin 1774.

.. .. Pour le bon roi Louis XV, il est allé en poste chez le père éternel. J'en ai été fâché : c'était un honnête homme, qui n'avait d'autre défaut que celui d'être roi. Son successeur débute avec beaucoup de sagesse, et fait espérer aux Welches un gouvernement heureux. Je voudrais qu'il eût traité la Du Barry plus doucement, par respect pour son bisaïeul.

Si la monacaille influe sur ce jeune homme, les petits-maîtres seront en rosaire, et les initiées de Vénus couvertes d'*Agnus Dei*. Il faudra que quelque évêque s'intéresse pour Morival, et qu'un picpuce plaide sa cause. On prétend qu'un orage se forme et menace les philosophes. J'attends tranquillement dans mon petit coin les nouveautés et les événements que ce nouveau règne va produire. Disposé à admirer tout ce qui sera admirable, et à faire mes réflexions sur ce qui ne le sera pas, ne m'intéressant qu'au sort des philosophes, et principalement à celui du patriarche de Ferney, dont le philosophe de Sans-Souci a été, est et sera le sincère admirateur. *Vale*. FÉDÉRIC.

DE M. DE VOLTAIRE

Juillet 1774.

..... Celui dont Votre Majesté veut bien me parler avait, comme vous dites très bien, le défaut d'être roi. Il était, ainsi que tant d'autres, peu fait pour sa place, indifférent à tout, mais se piquant aisément dans les petites choses qui lui étaient personnelles ; il ne m'avait jamais pu pardonner de l'avoir quitté pour un autre qui était véritablement roi ; et moi, je n'avais jamais pu imaginer qu'il s'embarrassât si j'étais ou non sur la liste de ses domestiques. Je respecte sa mémoire, et je vous souhaite une vie qui soit juste le double de la sienne.....

DU ROI

A Postdam, le 30 juillet 1774.

..... Vous qui avez des liaisons en France, vous pouvez savoir, sur le sujet de la cour, des anecdotes que j'ignore. Si le parti de l'*inf*... l'emporte sur celui de la philosophie, je plains les pauvres Welches ; ils risqueront d'être gouvernés par quelque cafard en froc ou en soutane, qui leur donnera la discipline d'une main, et les frappera du crucifix de l'autre. Si cela arrive, adieu les beaux-arts et les hautes sciences ; la rouille de la superstition achèvera de perdre un peuple d'ailleurs aimable, et né pour la société.

Mais il n'est pas sûr que cette triste folie religieuse secoue ses grelots sur le trône des Capets.

Laissez en paix les mânes de Louis XV. Il vous a exilé de son royaume, il m'a fait une guerre injuste : il est permis d'être sensible aux torts qu'on ressent, mais il faut savoir pardonner. La passion sombre et atrabilaire de la vengeance n'est pas convenable à des hommes qui n'ont qu'un moment d'existence. Nous devons réciproquement oublier nos sottises, et nous borner à jouir du bonheur que notre nature comporte.

Je contribuerai volontiers au bonheur du pauvre Morival, si je le puis. Corriger les injustices et faire le bien, sont les inclinations que tout honnête homme doit avoir dans le cœur.....

DU ROI

A Potsdam, le 18 novembre 1774.

Ne me parlez point de l'Élysée. Puisque Louis XV y est, qu'il y demeure. Vous n'y trouveriez que des jaloux : Homère, Virgile, Sophocle, Euripide, Thucydide, Démosthène et Cicéron ; tous ces gens ne vous verraient arriver qu'à contre-cœur, au lieu qu'en restant chez nous, vous pouvez conserver une place que personne ne vous dispute, et qui vous est due à bon droit. Un homme qui s'est rendu immortel n'est plus assujetti à la condition du reste des hommes : ainsi vous vous êtes acquis un privilège exclusif.

Cependant, comme je vous vois fort occupé du sort de ce pauvre d'Etallonde, je vous envoie une lettre de Paris qui donne quelque espérance. Vous y verrez les termes dans lesquels le garde des sceaux s'exprime, et vous verrez en même temps que M. de Vergennes se prête à la justification de l'innocence. Cette affaire sera suivie par M. de Goltz ; j'espère à présent que ce ne sera pas en vain, et que Voltaire, le promoteur de cette œuvre pie, en recevra les remerciements de d'Etallonde, et les miens.

Si je ne vous croyais pas immortel, je consentirais volontiers à ce que d'Etallonde restât jusqu'à la fin de son affaire chez votre nièce ; mais j'espère que ce sera vous qui le congédierez.

Votre lettre m'a affligé. Je ne saurais m'accoutumer à vous perdre tout à fait, et il me semble qu'il manquerait quelque chose à notre Europe, si elle était privée de Voltaire.

Que votre pouls inégal ne vous inquiète pas : j'en ai parlé à un fameux médecin anglais qui se trouve actuellement ici : il traite la chose de bagatelle, et dit que vous pouvez vivre encore longtemps. Comme mes vœux s'accordent avec ses décisions, vous voulez bien ne pas m'ôter l'espérance, qui était le dernier ingrédient de la boîte de Pandore.

C'est dans ces sentiments-là que le philosophe de Sans-Souci fait mille vœux à Apollon, comme à son fils Esculape, pour la conservation du patriarche de Ferney.
FÉDÉRIC.

DU ROI

A Potsdam, le 10 décembre 1774.

Non, vous ne mourrez pas de si tôt : vous prenez les suites de l'âge pour des avant-coureurs de la mort. Cette mort viendra à la fin ; mais ce feu divin que Prométhée déroba aux cieux, et qui vous remplit, vous soutiendra et vous conservera encore longtemps.

« Il faut, monseigneur, que vos sermons » baissent (disait Gilblas à l'archevêque de » Tolède) pour qu'on présage votre déca- » dence. » Jusqu'à présent vos sermons ne baissent pas. Récemment j'en ai lu deux, l'un à l'évêque de Sénez, l'autre à l'abbé Sabathier, qui marquaient de la vigueur et de la force d'esprit. Cet esprit tient au genre nerveux et à la finesse des sucs qui se distillent et se préparent pour le cerveau. Tant que cette élaboration se fait bien, la machine ne menace pas ruine.

Vous vivrez, et vous verrez la fin du procès de Morival. J'aurais sans doute dû penser plus tôt à lui, mais la multitude et la diversité des affaires m'en ont empêché. Je vous ai de l'obligation de m'en avoir fait souvenir. Peut-être ce délai de dix ans ne nuira pas à nos sollicitations : nous trouverons les esprits moins échauffés, par conséquent plus raisonnables. Peut-être alors y aura-t-il des bonnes âmes qui rougiront de cet exemple de barbarie au dix-huitième siècle, et qui tâcheront d'effacer cette flétrissure, en faisant dépersécuter le compagnon du malheureux La Barre.

Vous serez l'auteur de cette bonne action. Je m'associerai toujours de grand cœur à ceux qui me fourniront l'occasion de soutenir l'innocence et de délivrer les opprimés. C'est un devoir de tout souverain d'en user ainsi chez lui, et selon les cas il peut en user quelquefois de même en d'autres pays, surtout s'il mesure ses démarches selon les règles de la prudence.....

DE M. DE VOLTAIRE

Janvier 1775.

Sire, je reçois dans ce moment le buste de ce vieillard en porcelaine. Je m'écrie en voyant l'inscription (1), dont je suis si indigne :

Les rois de France et d'Angleterre
Peuvent de rubans bleus parer leurs courtisans ;
 Mais il est un roi sur la terre
 Qui fait de plus nobles présents.
Je dis à ce héros, dont la main souveraine
 Me donne l'immortalité :
Vous m'accordez, grand homme, avec trop de bonté
 Des terres dans votre domaine.

A propos d'immortalité, on vient de faire une magnifique édition de la vie d'un de vos admirateurs (2), qui a marché dans une partie de cette carrière de la gloire que vous avez parcourue dans tous les sens. Il y a un volume tout entier de plans de batailles, de campements et de marches, et de toutes les actions où il s'était trouvé dès l'âge de douze ans. Les cartes sont très fidèles et très bien dessinées : quoiqu'en qualité de poltron je déteste cordialement la guerre, cependant j'avoue à Votre Majesté que je désirerais avec passion que Votre Majesté permît de dessiner vos batailles ; j'ose vous dire que personne n'y serait plus propre que d'Etallonde Morival. C'est une chose étonnante que la célérité, la précision et la bonté de ses desseins, il semble qu'il ait été vingt ans ingénieur.

_____

(1) *Immortali*. Ce buste est conservé par madame la marquise de Villette.

(2) Le maréchal de Saxe.

Puisque j'ai commencé, sire, à vous parler de lui, je continuerai à prendre cette liberté, mon cœur est pénétré des bontés dont vous l'honorez ; le moment approche où il espère s'en servir. Mais aussi le congé que Votre Majesté lui accorde va expirer au mois de mars. Il abandonnera sans doute toutes ses espérances pour voler à son devoir, c'est son dessein. Je vous implore pour lui et malgré lui. Accordez-nous encore six mois. Je n'ose renouveler ma prière de l'honorer du titre de votre ingénieur et de lieutenant ou capitaine : tout ce que je sais. c'est qu'une victime des prêtres peut être immolée, et qu'un homme à vous sera respecté. Vous ne vous bornez pas à donner l'immortalité, vous donnez des sauvegardes dans cette vie. Je passerai le reste de la mienne à remercier, à relire Marc-Aurèle Julien Frédéric, héros de la guerre et de la philosophie. *Le vieux malade de Ferney.*

DE M. DE VOLTAIRE

A Ferney, 7 juillet 1775.

Sire, Morival s'occupait à mesurer le lac de Genève, et à construire sur ses bords une citadelle imaginaire, lorsque je lui ai appris qu'il pourrait en tracer de réelles dans la Prusse occidentale et dans vos autres Etats. Il a senti vos bienfaits avec une respectueuse reconnaissance égale à sa modestie. Vous êtes son seul roi, son seul bienfaiteur. Puisque vous permettez qu'il vienne se jeter à vos pieds dans Potsdam, voudriez-vous bien avoir la bonté de me dire à qui il faudra qu'il s'adresse pour être présenté à Votre Majesté.

Permettez que je me joigne à lui dans la reconnaissance dont il ne cessera d'être pénétré ; je ne peux pas aspirer, comme lui, à l'honneur d'être tué sur un bastion ou sur une courtine ; je ne suis qu'un vieux poltron fait pour mourir dans mon lit. Je n'ai que de la sensibilité, et je la mets tout entière à vous admirer et à vous aimer.

Votre alliée l'impératrice Catherine fait, comme vous, de grandes choses. Elle fait surtout du bien à ses sujets ; mais le roi de France l'emporte sur tous les rois, puisqu'il fait des miracles. Il a touché à son sacre deux mille quatre cents malades d'écrouelles, et il les a sans doute guéris. Il est vrai qu'il y eut une des maîtresses de Louis XIV qui mourut de cette maladie, quoiqu'elle eût été très bien touchée, mais un tel cas est très rare.....

DU ROI

Potsdam, le 12 juillet 1775.

..... Lekain est venu ici : il jouera Œdipe, Orosmane et Mahomet. Je sais qu'il a été à Ferney ; il sera obligé de me conter tout ce qu'il sait et ne sait pas de celui qui rend ce bourg si célèbre. J'ai vu jouer Aufresne l'année passée. Je vous dirai auquel des deux je donne la préférence, quand j'aurai vu jouer celui-ci.

J'ai toute la maison pleine de nièces, de neveux et de petits-neveux : il faut leur donner des spectacles qui les dédommagent de l'ennui qu'ils peuvent gagner en la compagnie d'un vieillard. Il faut se rendre justice, et se rendre supportable à la jeunesse. Ceci me regarde. Vous aurez le privilège exclusif de ne jamais vieillir ; et quand même quelques infirmités attaquent votre corps, votre esprit triomphe de leurs atteintes, et semble acquérir tous les jours des forces nouvelles.

Que Minerve et Apollon, que les Muses et les Grâces veillent sur leur plus bel ouvrage, et qu'ils conservent encore longtemps celui dont les siècles ne pourraient réparer la perte. Voilà les vœux que l'ermite de Sans-Souci fait pour le patriarche de Ferney. *Vale.* FÉDÉRIC.

DU ROI

A Potsdam, le 24 juillet 1775.

Je viens de voir Lekain. Il a été obligé de me dire comme il vous a trouvé, et j'ai été bien aise d'apprendre de lui que vous vous promenez dans votre jardin, que votre santé est assez bonne, et que vous avez encore plus de gaîté dans votre conversation que dans vos ouvrages. Cette gaîté, que vous conservez, est la marque la plus sûre que nous vous posséderons encore longtemps. Ce feu élémentaire, ce principe vital, est le premier qui s'affaiblit lorsque les années minent et sapent la mécanique de notre existence. Je ne crains donc plus maintenant que le trône du Parnasse devienne sitôt vacant ; je vous nommerai hardiment mon exécuteur testamentaire : ce qui me fait grand plaisir.

Lekain a joué les rôles d'Œdipe, de Mahomet et d'Orosmane : pour Œdipe nous l'avons entendu deux fois. Ce comédien est très habile ; il a un bel organe, il se présente avec dignité, il a le geste noble, et il est impossible d'avoir plus d'attention pour la pantomime qu'il en a. Mais vous dirai-je naïvement l'impression qu'il a faite sur moi ? Je le voudrais un peu moins outré, et alors je le croirais parfait.

L'année passée j'ai entendu Aufresne : peut-être lui faudrait-il un peu du feu que l'autre a de trop. Je ne consulte en ceci que la nature, et non ce qui peut être en usage en France. Cependant je n'ai pu retenir mes larmes ni dans *OEdipe*, ni dans *Zaïre* : c'est qu'il y a des morceaux si touchants dans la dernière de ces pièces, et de si terribles dans la première, qu'on s'attendrit dans l'une, et qu'on frémit dans l'autre. Quel bonheur pour le patriarche de Ferney d'avoir produit ces chefs-d'œuvre, et d'avoir formé celui dont l'organe les rend si supérieurement sur la scène !

Il y a eu beaucoup de spectateurs à ces représentations : ma sœur Amélie, la princesse Ferdinand, la landgrave de Hesse, et la princesse de Virtemberg, votre voisine, qui est venue ici de Montbelliard pour entendre Lekain. Ma nièce de Montbelliard m'a dit qu'elle pourrait bien entreprendre un jour le voyage de Ferney pour voir l'auteur dont les ouvrages font les délices de l'Europe. Je l'ai fort encouragée à satisfaire cette digne curiosité. Oh ! que les belles-lettres sont utiles à la société ! Elles délassent de l'ouvrage de la journée, elles dissipent agréablement les vapeurs politiques qui entêtent, elles adoucissent l'esprit, elles amusent jusqu'aux femmes, elles consolent les affligés, et sont enfin l'unique plaisir qui reste à ceux que l'âge a courbés sous son faix, et qui se trouvent heureux d'avoir contracté ce goût dès leur jeunesse.

Nos Allemands ont l'ambition de jouir à

leur tour des avantages des beaux-arts :
ils s'efforcent d'égaler Athènes, Rome, Florence et Paris. Quelque amour que j'aie
pour ma patrie, je ne saurais dire qu'ils
réussissent jusqu'ici : deux choses leur
manquent, la langue et le goût. La langue
est trop verbeuse : la bonne compagnie
parle français, et quelques cuistres de l'école et quelques professeurs ne peuvent lui
donner la politesse et les tours aisés qu'elle
ne peut acquérir que dans la société du
grand monde. Ajoutez à cela la diversité
des idiomes ; chaque province soutient le
sien, et jusqu'à présent rien n'est décidé
sur la préférence. Pour le goût, les Allemands en manquent ; ils n'ont pas encore
pu imiter les auteurs du siècle d'Auguste :
ils font un mélange vicieux du goût romain, anglais, français et tudesque ; ils
manquent encore de ce discernement fin
qui saisit les beautés où il les trouve, et
sait distinguer le médiocre du parfait, le
noble du sublime, et les appliquer chacun
à leurs endroits convenables. Pourvu qu'il
y ait beaucoup d'r dans les mots de leur
poésie, ils croient que leurs vers sont harmonieux ; et pour l'ordinaire ce n'est qu'un
galimatias de termes ampoulés. Dans l'histoire, ils n'omettraient pas la moindre circonstance, quand même elle serait inutile.

Leurs meilleurs ouvrages sont sur le
droit public. Quant à la philosophie, depuis
le génie de Leibnitz et la grosse monade
de Wolf, personne ne s'en mêle plus. Ils
croient réussir au théâtre ; mais, jusqu'ici,
rien de parfait n'a paru. L'Allemagne est
actuellement comme était la France du
temps de François Ier. Le goût des lettres
commence à se répandre : il faut attendre
que la nature fasse naître de vrais génies,

comme sous les ministères des Richelieu et des Mazarin. Le sol qui a produit Leibnitz en peut produire d'autres.

Je ne verrai pas ces beaux jours de ma patrie, mais j'en prévois la possibilité. Vous me direz que cela peut vous être très indifférent et que je fais le prophète tout à mon aise, en étendant, le plus que je le peux, le terme de ma prédilection. C'est ma façon de prophétiser, et la plus sûre de toutes, puisque personne ne me donnera le démenti.

Pour moi, je me console d'avoir vécu dans le siècle de Voltaire ; cela me suffit. Qu'il vive, qu'il digère, qu'il soit de bonne humeur, et surtout qu'il n'oublie pas le solitaire de Sans-Souci. *Vale*. FÉDÉRIC.

DU ROI

Potsdam, le 27 juillet 1775.

Ménagez l'huile de la lampe pour qu'elle brûle longtemps encore. C'est à quoi je m'intéresse plus que madame Denis et votre ménagère suisse, qui vous fait quitter l'ouvrage quand elle craint qu'il ne nuise à votre santé. Elles n'ont qu'une idée confuse de ce que vaut le patriarche de Ferney, et j'en ai une précise. Pour trouver un Voltaire dans l'antiquité, il faut rassembler le mérite de cinq ou six grands hommes, d'un Cicéron, d'un Virgile, d'un Lucien et d'un Salluste ; et dans la renaissance des lettres, c'est la même chose : il faut englober un Guichardin, un Tasse, un Arétin, un Dante, un Arioste, et encore ce n'est pas assez ; dans le siècle de Louis XIV, il manquera toujours pour l'épopée quelqu'un qui rende l'assemblage complet.

Voilà comme on pense de vous sur les bords de la mer Baltique, où l'on vous rend plus de justice que dans votre ingrate patrie.

N'oubliez pas ces bons Germains qui se souviennent toujours avec plaisir de vous avoir possédé autrefois, et qui vous célèbrent autant qu'il est en eux. *Vale.* FÉDÉRIC.

Je viens de recevoir la *Diatribe à l'auteur des Éphémérides*. On dit que cet ouvrage vient de Ferney, et je crois y reconnaître l'auteur au style, qu'il ne saurait déguiser.

DE M. DE VOLTAIRE

3 auguste 1775.

Lekain, dans vos jours de repos,
Vous donne une volupté pure.
On le prendrait pour un héros :
Vous les aimez même en peinture.
C'est ainsi qu'Achille enchanta
Les beaux jours de votre jeune âge.
Marc-Aurèle enfin l'emporta.
Chacun se plaît dans son image.

Le plus beau des spectacles, sire, est de voir un grand homme entouré de sa famille, quitter un moment tous les embarras du trône pour entendre des vers, et en faire, le moment d'après, de meilleurs que les nôtres. Il me paraît que vous jugez très bien l'Allemagne; et cette foule de mots qui entrent dans une phrase, et cette multitude de syllabes qui entrent dans un mot, et ce goût qui n'est pas plus formé que la langue; les Allemands sont à l'aurore : ils seraient en plein jour, si vous aviez daigné faire des vers tudesques.

C'est une chose assez singulière que Le-

kain et mademoiselle Clairon soient tou
deux à la fois auprès de la maison d
Brandebourg. Mais tandis que le talent d
réciter du français vient obtenir votre i
dulgence à Sans-Souci, Gluck vient nou
enseigner la musique à Paris. Nos Orphé
viennent d'Allemagne, si nos Roscus vou
viennent de France. Mais la philosophie
d'où vient-elle, de Potsdam, sire, où vou
l'avez logée, et d'où vous l'avez envoyé
dans la plus grande partie de l'Europe.

Je ne sais pas encore si notre roi mar
chera sur vos traces, mais je sais qu'il
pris pour ministres des philosophes, à u
seul près (1), qui a le malheur d'être dévot

Nous perdons le goût, mais nous acqué
rons la pensée. Il y a surtout un M. Tur
got qui serait digne de parler avec Votr
Majesté. Les prêtres sont au désespoir
Voilà le commencement d'une grande ré
volution.....

DU ROI

A Potsdam, le 13 auguste 1775.

...... Je félicite votre nation du bon choi
que Louis XVI a fait de ses ministre
« Les peuples, a dit un ancien, ne sero
heureux que lorsque les sages seront rois.
Vos ministres, s'ils ne sont pas rois to
à fait, en possèdent l'équivalent en au
rité. Votre roi a les meilleures intention
Il veut le bien. Rien n'est plus à craind
pour lui que ces pestes des cours, qui
cheront de le corrompre et de le perver
avec le temps. Il est bien jeune; il ne co
naît pas les ruses et les raffinements d

(1) M. le comte de Mui.

courtisans se serviront pour le faire
tourner à leur gré, afin de satisfaire leur
intérêt, leur haine et leur ambition. Il a
été dans son enfance à l'école du fanatisme
et de l'imbécillité : cela doit faire appréhen-
der qu'il ne manque de résolution pour
examiner par lui-même ce qu'on lui a appris à adorer stupidement.

Vous avez prêché la tolérance : après
Bayle, vous êtes sans contredit un des
sages qui ont fait le plus de bien à l'humanité. Mais si vous avez éclairé tout le
monde, ceux que leur intérêt attache à la
superstition ont rejeté vos lumières ; et
ceux-là dominent encore sur les peuples.....

DU ROI

A Potsdam, le 18 juin 1776.

..... Nous avons appris également ici le
déplacement de quelques ministres français. Je ne m'en étonne point. Je me représente Louis XVI comme une jeune brebis
entourée de vieux loups : il sera bien heureux s'il leur échappe. Un homme qui a
toute la routine du gouvernement trouverait de la besogne en France ; épié, séduit
par des détours fallacieux, on lui ferait
faire des faux pas ; il est donc tout simple
qu'un jeune monarque sans expérience, se
soit laissé entraîner par le torrent des intrigues et des cabales. Mais je ne croirai
jamais que la patrie de Voltaire redevienne
de nos jours l'asile ou le dernier retranche-
ment de la superstition. Il y a trop de connaissances et trop d'esprit en France pour
que la barbarie superstitieuse du clergé
puisse commettre désormais des atrocités
dont les temps passés fourmillent d'exem-

ples. Si Hercule a dompté le lion de Némée, et un fort athlète, nommé Voltaire, a écrasé sous ses pieds l'hydre du fanatisme.

La raison se développe journellement dans notre Europe ; les pays les plus stupides en ressentent les secousses. Je n'en excepte que la Pologne. Les autres Etats rougissent des bêtises où l'erreur a entraîné leurs pères : l'Autriche, la Vestphalie, tous, jusqu'à la Bavière, tâchent d'attirer sur eux quelques rayons de lumière. C'est vous, ce sont vos ouvrages qui ont produit cette révolution dans les esprits. L'hélépole de la bonne plaisanterie a ruiné les remparts de la superstition que la bonne dialectique de Bayle n'a pu abattre.

Jouissez de votre triomphe ; que votre raison domine de longues années sur les esprits que vous avez éclairés, et que le patriarche de Ferney, le coryphée de la vérité, n'oublie pas le vieux solitaire de Sans-Souci. *Vale.* FÉDÉRIC.

DU ROI

A Potsdam, le 7 septembre 1776.

On me fait bien de l'honneur de parler de moi en Suisse, et les gazetiers doivent prodigieusement manquer de matière, puisqu'ils emploient mon nom pour remplir leurs feuilles.

J'ai été malade, il est vrai, l'hiver passé ; mais depuis ma convalescence je me porte à peu près comme auparavant. Il y a peut-être des gens au monde au gré desquels je vis trop longtemps, et qui calomnient ma santé dans l'espérance qu'à force d'en parler, je pourrais peut-être faire le saut périlleux aussi vite qu'ils le désirent. Louis XIV et Louis XV lassèrent la patience des Français : il y a trente-six ans que je suis en place ; peut-être qu'à leur exemple j'abuse du privilège de vivre, et que je ne suis pas assez complaisant pour décamper quand on se lasse de moi.

Quant à ma méthode de ne me point ménager, elle est toujours la même. Plus on se soigne, plus le corps devient délicat et faible. Mon métier veut du travail et de l'action, il faut que mon corps et mon esprit se plient à leur devoir. Il n'est pas nécessaire que je vive, mais bien que j'agisse. Je m'en suis toujours bien trouvé. Cependant je ne prescris cette méthode à personne, et me contente de la suivre.....

DU ROI

A Potsdam, le 26 décembre 1776.

Pour écrire à Voltaire, il faut se servir de sa langue ; celle des dieux. Faute de me bien exprimer dans ce langage, je bégayerai mes pensées.

Serez-vous toujours en butte
Au dévot qui vous persécute ?
A l'envieux obscur, ébloui de l'éclat
Dont vos rares talents offusquent son état ?
Quelque odieux que soit cet indigne manège;
    Les exemples en sont nombreux ;
    On a poussé le sacrilège
    Jusqu'au point d'insulter les dieux :
Ces dieux dont les bienfaits enrichissent la terre,
Ont été déchirés par des blasphémateurs :
Est-il donc étonnant que l'immortel Voltaire
Ait à gémir des traits des calomniateurs ?

Je ne m'en tiens pas à ces mauvais vers : j'ai fait écrire dans le Virtemberg pour solliciter vos arrérages...

Au reste, je crois que pour vous sous-
traire à l'âcreté du zèle des bigots, vous
pourriez vous réfugier en Suisse, où vous
seriez à l'abri de toute persécution. Pour
les désagréments dont vous vous plaignez
à l'egard de vos nouveaux établissements
de Ferney, je les attribue à l'esprit de vengeance des commis de vos financiers, qui
vous haïssent à cause du bien que vous
avez voulu faire au pays de Gex. en le dé-
robant un temps à la voracité de ces
gens-là.

Quant à ce point, je vous avoue que je
suis embarrassé d'y trouver un remède,
parce qu'on ne saurait inspirer des sentiments raisonnables à des drôles qui n'ont
ni raison ni humanité. Toutefois soyez
persuadé que si la terre de Ferney apparte-
nait à Apollon même, cette race maudite
ne l'eût pas mieux traitée. Quelle honte
pour la France de persécuter un homme
unique qu'un destin favorable a fait naître
dans son sein! un homme dont dix royau-
mes se disputeraient à qui pourrait le
compter parmi ses citoyens, comme jadis
tant de villes de la Grèce soutenaient
qu'Homère était né chez elles! Mais quelle
lâcheté plus révoltante de répandre l'amertume sur vos derniers jours! Ces indignes
procédés me mettent en colère, et je suis
fâché de ne pouvoir vous donner des secours plus efficaces que le souverain mépris
que j'ai pour vos persécuteurs. Mais Mau-
repas n'est pas dévot; M. de Vergennes se
contente d'entendre la messe, quand il ne
peut pas se dispenser d'y aller; Necker est
hérétique; de quelle main peut donc partir
le coup qui vous accable? L'archevêque de
Paris est connu pour ce qu'il est, et j'ignore
si son Mentor ex-jésuite est encore auprès

le lui ; personne ne connaît le nom du confesseur du roi : le diable incarné dans la personne de l'évêque du Puy aurait-il excité cette tempête? Enfin plus j'y pense, moins je devine l'auteur de cette tracasserie.....

DU ROI

Le 9 juillet 1777.

Oui, vous verrez cet empereur,
Qui voyage afin de s'instruire,
Porter son hommage à l'auteur
De *Henri quatre* et de *Zaïre*,
Votre génie est un aimant
Qui, tel que le soleil, attire
A soi les corps du firmament,
Par sa force victorieuse
Amène les esprits à soi :
Et Thérèse la scrupuleuse
Ne peut renverser cette loi.

Joseph a bien passé par Rome
Sans qu'il fût jamais introduit
Chez le prêtre que Jurieu nomme
Très civilement l'Antéchrist.
Mais à Genève qu'on renomme,
Joseph, plus fortement séduit,
Révérera le plus grand homme
Que tous les siècles aient produit.

Cependant, les Autrichiens ont, jusqu'à présent, encore mal profité des leçons de tolérance que vous avez données à l'Europe. Voilà en Moravie, dans le cercle de Préraw, quarante villages qui se déclarent à la fois protestants. La Cour, pour les ramener au giron de l'Eglise, a fait marcher des convertisseurs avec des arguments à poudre et à balle, qui ont fusillé une douzaine de ces malheureux, en attendant qu'on brûle les autres. Ces faits, que nous

vous communiquons, sont par malheur p[...]
consolants pour l'humanité.

Je ne sais si je me trompe, mais il m[...]
semble qu'il y a un levain de férocité dan[...]
le cœur de l'homme, qui reparaît souven[...]
quand on croit l'avoir détruit. Ceux qu[...]
les sciences et les arts ont décrassés, so[...]
comme ces ours que les conducteurs o[...]
appris à danser sur les pattes de derrière[...]
les ignorants sont comme les ours qui n[...]
dansent point. Les Autrichiens (j'en except[...]
l'empereur) pourraient bien être de cett[...]
dernière classe.

Il est bien fâcheux que les Français[...]
d'ailleurs si aimables, si polis, ne puissen[...]
pas dompter cette fougue barbare qui le[...]
porte si souvent à persécuter les innocent[...]
En vérité, plus on examine les fables ab[...]
surdes sur lesquelles toutes les religion[...]
sont fondées, plus on prend en pitié ceu[...]
qui se passionnent pour ces balivernes...[...]

DU ROI

A Potsdam, le 5 septembre 1777.

..... Je reviens de la Silésie, dont j'a[...]
été très content : l'agriculture y fait de[...]
progrès très sensibles ; les manufacture[...]
prospèrent ; nous avons débité à l'étrange[...]
pour 5,000,000 de toile, et pour 1,200,000 écu[...]
de draps. On a trouvé une mine de cobal[...]
dans les montagnes, qui fournit à toute[...]
Silésie. Nous faisons du vitriol aussi b[...]
que l'étranger. Un homme fort industrieu[...]
y fait de l'indigo tel que celui des Inde[...]
on change le fer [...] acier avec avantage[...]
bien plus simplement que de la façon q[...]
Réaumur le propose. Notre population e[...]
augmentée, depuis 1756 (qui était l'ann[...]

la guerre), de cent quatre-vingt mille mes. Enfin tous les fléaux qui avaient ...imé ce pauvre pays sont comme s'ils n'a-...ient jamais été ; et je vous avoue que je ...sens une douce satisfaction à voir une ...ovince revenir de si loin.

Ces occupations ne m'ont point empêché ... barbouiller mes idées sur le papier ; et ...ur épargner la peine de les transcrire, ...i fait imprimer six exemplaires de mes ...veries : je vous en envoie un. Je n'ai eu ... le temps de faire une esquisse ; cela ...vrait être plus étendu ; mais c'est à de ...ais savants à y mettre la dernière main. ...essieurs les encyclopédistes ne seront ...ut-être pas toujours de mon avis : chacun ...ut avoir le sien. Toutefois si l'expérience ...t le plus sûr des guides, j'ose dire que ...es assertions sont uniquement fondées ...r ce que j'ai vu, et sur ce que j'ai ré-...chi.

Vivez, patriarche des êtres pensants, et ...ntinuez, comme l'astre de la lumière, à ...lairer l'univers. *Vale*. FÉDÉRIC.

DU ROI

A Potsdam, le 9 novembre 1777.

Monsieur Bitaubé doit se trouver fort ...ureux d'avoir vu le patriarche de Ferney. ...ous êtes l'aimant qui attirez à vous tous ... êtres qui pensent : chacun veut voir cet ...mme unique qui fait la gloire de notre ...cle. Le comte de Falkenstein a senti la ...ême attraction ; mais, dans sa course, ...stre de Thérèse lui imprima un mouve-...nt centrifuge qui, de tangente en tan-...nte, l'attira à Genève. Un traducteur ...omère se croit gentilhomme de la cham-

bre de Melpomène, ou marmiton dans le
offices d'Apollon ; et muni de ce caractè
il se présente hardiment à la cour de l'a
teur de *La Henriade* ; et celui-là sait aba
ser son génie pour se mettre au niveau
ceux qui lui rendent leurs hommages.

Bitaubé vous a dit vrai : j'ai fait con
truire à Berlin une bibliothèque publiq
Les œuvres de Voltaire étaient trop mau
sadement logées auparavant ; un laborato
chimique qui se trouvait au rez-de-chau
sée menaçait d'incendier toute notre coll
tion. Alexandre-le-Grand plaça bien
œuvres d'Homère dans la cassette la pl
précieuse qu'il avait trouvée parmi les
pouilles de Darius : pour moi qui ne s
ni Alexandre ni grand, et qui n'ai dépou
personne, j'ai fait, selon mes petites facu
tés, construire le plus bel étui possi
pour y placer les œuvres de l'Homère
nos jours.

Si, pour compléter cette bibliothèq
vous vouliez bien y ajouter ce que vo
avez composé sur les lois, vous me fer
plaisir, d'autant plus que je ne crains
les ports. Je crois vous avoir donné, dan
ma dernière lettre, des notions générale
l'égard de nos lois, et du nombre des pu
tions qui se font annuellement. Je dois
pendant y ajouter nécessairement que
bonne police empêche autant de crimes
la douceur des lois. La police est ce que
moralistes appellent le principe réprim
Si l'on ne vole point, si l'on n'assass
point, c'est qu'on est sûr d'être incontin
découvert et saisi. Cela retient les scélé
timides. Ceux qui sont plus aguerris v
chercher fortune dans l'empire, où la pr
mité des frontières de tant de petits E
leur offre des asiles en assez grand nomb

Vous voyez que dans l'empire on ne res-
titue pas même l'argent qu'on a emprunté
des philosophes. Je vous envoie ci-joint la
copie de la réponse que j'ai reçue de M. le
duc de Virtemberg. Ce prince, qui tend au
sublime, veut imiter en tout les grandes
puissances ; et, comme la France, l'Angleterre, la Hollande et l'Autriche sont sur-
chargées de dettes, il veut ranger son du-
ché de Virtemberg dans la même catégo-
rie ; et s'il arrive que quelqu'une de ces
puissances fasse banqueroute, je ne garan-
tirais pas que, piqué d'honneur, il n'en fît
autant. Cependant je ne crois pas que
maintenant vous ayez à craindre pour votre
capital, vu que les Etats de Virtemberg
ont garanti les dettes de Son Altesse Sérénissime, et qu'au demeurant il vous reste
libre de vous adresser aux parlements de
Lorraine et d'Alsace. J'avais bien prévu
que Son Altesse Sérénissime serait récalci-
trante sur le fait des remboursements, et
je vous assure de plus que ce soi-disant
pupille n'a jamais écouté mes avis ni suivi
mes conseils.

Que ces misères ne troublent point la
sérénité de vos jours : tranquille, du palais
des sages, vous pouvez contempler de cette
élévation les défauts et les faiblesses du
genre humain, les égarements des uns, et
les folies des autres : heureux dans la possession de vous-même, vous vous conser-
verez pour ceux qui savent vous admirer,
au nombre desquels, et en première ligne,
vous compterez, comme je l'espère, le solitaire de Sans-Souci. *Vale.* FÉDÉRIC.

DU ROI

Potsdam, le 18 novembre 1777.

..... On ne trouve dans nos contrées au
cun catholique lettré, si ce n'est parmi le
jésuites ; nous n'avions personne capabl
de tenir les classes ; nous n'avions ni pèr
de l'oratoire ni piaristes ; le reste des mo
nes est d'une ignorance crasse ; il falla
donc conserver les jésuites ou laisser pér
toutes les écoles. Il fallait donc que l'ordr
subsistàt pour fournir des professeurs
mesure qu'il venait à en manquer ; et l
fondation pouvait fournir la dépense à ce
frais. Elle n'aurait pas été suffisante pou
payer des professeurs laïques. De plus, c'é
tait à l'université des jésuites que se for
maient les théologiens destinés à rempli
les cures. Si l'ordre avait été supprimé, l'u
niversité ne subsisterait plus, et l'on au
rait été nécessité d'envoyer les Silésien
étudier la théologie en Bohême, ce qui au
rait été contraire aux principes fondame
taux du gouvernement.

Toutes ces raisons valables m'ont fait
paladin de cet ordre. Et j'ai si bien com
battu pour lui que je l'ai soutenu, à quel
ques modifications près, tel qu'il se trou
à présent, sans général, sans troisièm
vœu, et décoré d'un nouvel uniforme qu
le pape lui a conféré. Le malheur de cet or
dre a influé sur un général qui en avait
dans sa jeunesse : ce M. de Saint-Germ
avait de grands et de beaux desseins, t
avantageux à vos Welches ; mais tout
monde l'a traversé, parce que les réform
qu'il se proposait de faire auraient obli
des freluquets à une exactitude qui le

répugnait. Il lui fallait de l'argent pour supprimer la maison du roi ; on le lui a refusé. Voilà donc quarante mille hommes, dont la France pouvait augmenter ses forces sans payer un sou de plus, perdus pour vos Welches, afin de conserver dix mille fainéants bien chamarrés et bien galonnés. Et vous voulez que je n'estime pas un homme qui pense si juste? Le mépris ne peut tomber que sur les mauvais citoyens qui l'ont contrecarré.

Souvenez-vous, je vous prie, du P. Tournemine, votre nourricier (vous avez sucé chez lui le doux lait des Muses), et réconciliez-vous avec un Ordre qui vous a porté, et qui, le siècle passé, a fourni à la France des hommes du plus grand mérite. Je sais très bien qu'ils ont cabalé et se sont mêlés d'affaires ; mais c'est la faute du gouvernement. Pourquoi l'a-t-il souffert? Je ne m'en prends pas au père Letellier, mais à Louis XIV.

Mais tout cela m'embarrasse moins que le patriarche de Ferney : il faut qu'il vive, qu'il soit heureux et qu'il n'oublie pas les absents. Ce sont les vœux du solitaire de Sans-Souci. *Vale.* FÉDÉRIC.

DE M. DE VOLTAIRE

A Ferney, 6 janvier 1778.

Sire, grand homme, que vous m'instruisez, que vous me consolez, que vous me fortifiez dans toutes mes idées au bout de ma carrière! Votre Majesté, ou plutôt votre humanité a bien raison; le fatras métaphysique, théologique, fanatique, est sans doute ce que nous avons de plus méprisable, et cependant on écrira sur ces chi-

mères absurdes tant qu'il y aura des u
versités, des esprits faux, et de l'argen
gagner.

Parmi les géomètres, il n'y a guère
qu'Archimède et Newton qui aient acqu
une véritable gloire, parce qu'ils ont
venté des choses très difficiles, très
connues et très utiles ; il n'y a point
gloire pour ceux qui ne savent que divi
A—B plus C, par X moins Z, et qui p
sent leur vie à écrire ce que les autres
imaginé.

Pour l'histoire, ce n'est, après to
qu'une gazette ; la plus vraie est remp
de faussetés ; et elle ne peut avoir de m
rite que celui du style. Ce style est le fr
de la littérature : c'est donc à la littérat
qu'il faut s'en tenir. C'est ainsi que pe
le grand Condé dans sa retraite de Ch
tilly ; c'est ainsi que pense le grand E
déric à Sans-Souci.....

..... Je vous ai plus d'obligation
vous ne pensez ; votre pupille vient e
de se laisser un peu attendrir ; il m'a p
20,000 francs sur les 80,000 que je lui a
prêtés, et peut-être avant ma mort
payera-t-il le reste ; c'est vous que j'en
remercier.

M. le comte de Montmorency-Laval sa
bientôt assez d'allemand pour faire tour
à droite et à gauche, et pour comman
l'exercice ; mais en vous entendant pa
français, il donnera la préférence à la
gue des Montmorency ; sans doute les h
mes de sa maison doivent aimer les P
siens. Il n'y a jamais eu que le cardinal
Bernis qui ait imaginé d'unir la Fra
avec la maison d'Autriche contre la m
son de Brandebourg ; il en a été bien p
Sa politique a été aussi malheureuse

s chimères théologiques de trente autres
rdinaux ont été ridicules.....

DE M. DE VOLTAIRE

A Paris, le 1er avril 1778.

Sire, le gentilhomme français qui rendra
tte lettre à Votre Majesté, et qui passe
ur être digne de paraître devant Elle,
urra vous dire que si je n'ai pas eu l'hon-
eur de vous écrire depuis longtemps, c'est
e j'ai été occupé à éviter deux choses qui
e poursuivaient dans Paris: les sifflets et
mort.

Il est plaisant qu'à quatre-vingt-quatre
ns j'aie échappé à deux maladies mortelles.
oilà ce que c'est que de vous être consa-
ré: je me suis renommé de vous, et j'ai
té sauvé.

J'ai vu avec surprise et avec une satis-
action bien douce, à la représentation
'une tragédie nouvelle, que le public, qui
egardait il y a trente ans Constantin et
héodose comme les modèles des princes,
t même des saints, a applaudi avec des
ransports inouïs à des vers qui disent que
onstantin et Théodose n'ont été que des
yrans superstitieux. J'ai vu vingt preuves
areilles du progrès que la philosophie a
it enfin dans toutes les conditions. Je ne
ésespérerais pas de faire prononcer dans
n mois le panégyrique de l'empereur Ju-
en: et assurément si les Parisiens se
ouviennent qu'il a rendu chez eux la jus-
ce comme Caton, et qu'il a combattu pour
x comme César, ils lui doivent une éter-
elle reconnaissance.

Il est donc vrai, Sire, qu'à la fin les
ommes s'éclairent, et que ceux qui se

croient payés pour les aveugler ne sont p
toujours les maîtres de leur creve l
yeux! Grâces en soient rendus à Vo
Majesté! Vous avez vaincu les préjug
comme vos autres ennemis: vous jouiss
de vos établissements en tout genre. Vo
êtes le vainqueur de la superstition, ain
que le soutien de la liberté germanique.

Vivez plus longtemps que moi, pour a
fermir tous les empires que vous avez fo
dés. Puisse Frédéric le Grand être Frédé
immortel!

Daignez agréer le profond respect et l'i
violable attachement de VOLTAIRE.

FIN

Paris. — Impr. Dubuisson et Cᵉ, 5, rue Coq-Héron.
(PALLET gérant.)

BIBLIOTHÈQUE NATIONALE

CHÂTEAU
de
SABLÉ

1983

www.ingramcontent.com/pod-product-compliance
Lightning Source LLC
Chambersburg PA
CBHW070637100426

42744CB00006B/723